訴訟リスクを回避する3大労使トラブル 円満解決の実践的手法

ハラスメント・復職トラブル・残業代請求

弁護士法人 咲くやこの花法律事務所
弁護士 西川 暢春 NISHIKAWA NOBUHARU
弁護士 井田 瑞輝 IDA MIZUKI
弁護士 木澤 愛子 KIZAWA AIKO
共著

日本法令

はじめに
―すべての労使トラブルは話合いによる解決が原則

　筆者は、いわゆる「使用者側弁護士」です。

　事業を経営していると、労働者との間で法的なトラブルを抱えてしまうことがあります。労働者を解雇したことによるトラブルや、職場内のハラスメントのトラブル、残業代のトラブル、病気になってしまった労働者の休職や復職をめぐるトラブルなどその内容は様々です。筆者は、これらのトラブルに悩む事業者からご相談を受けて、問題を解決することを専門としてきました。

　「トラブルの予防が大事だとはわかっていたけれども、トラブルになってしまった」

　本書では、そんな場面で具体的にどう解決していけばよいかを、筆者の実践経験をもとに解説しました。

　ところで、労使間のトラブルが訴訟に発展した場合に、解決までにどのくらいの期間がかかるかご存じでしょうか？

　この点については統計があります。労使間のトラブルに関する訴訟は、「労働関係訴訟」と呼ばれます。令和４年の統計によると、全国の地方裁判所の労働関係訴訟の第一審の平均審理期間は17.2か月でした（「裁判の迅速化に係る検証に関する報告書」）。つまり、訴訟が始まってから終わるまでに約１年半かかります。ただし、これは訴訟の最初のステージである第一審だけの期間です。訴訟は、第一審で解決せずに、控訴審（第二審）に進むことがあります。その場合、第二審も合わせた期間は２年を超えることが通常です。このように、労働関係訴訟は、他の訴訟と比べても長期化しやすく、しかも年々長期化傾向が進んでいます 。そのため、労使間のトラブルが訴訟になった場合、その対応のために事業者が負担しなければならない労力や弁護士費用は大きなものになってしまいます。特に、中小の事業者にとっては、その負担は深刻です。筆者の経験でも、労使トラブルの訴訟を抱

えてしまったことで、事業の成長にブレーキがかかり、これが１つの
きっかけとなって事業が衰退に向かってしまったと感じたことは少な
くありません。

　このような労使トラブルを事業の成長の妨げにならないように早期
に解決することは、筆者の重要な役割の１つです。そこで、筆者が、
労使トラブルを抱えてしまった顧問先事業者に提案するのは、２年近
い期間、多大な労力と費用を費やして訴訟に対応するという方法では
なく、３か月くらいの期間、相手方である労働者としっかり向き合
い、話合いでトラブルを解決する方法です。「すべての労使トラブル
は訴訟に発展させずに話合いで解決できる」という信念のもと、これ
までは訴訟で対応するのが当たり前だったような事案についても、話
合いでの解決にチャレンジしてきました。

　このように取り組んでみてわかったことが２つあります。まず、１
つ目は、やり方を工夫し、経験を積むことによって、多くの事案は訴
訟に発展させずに解決が可能であるということです。その結果、最近
では法廷に立つことがほとんどなくなりました。そして、２つ目は、
話合いでの解決ができずに訴訟に発展してしまうケースには、パ
ターンがあるということです。例えば、①経営者や管理者が感情的に
なってしまってそもそも話合いをしたがらないパターン、②「こんな
ややこしい労働者との話合いはとてもじゃないけど無理だ」などと考
えて話合いでの解決を最初からあきらめてしまうパターン、③話合い
のやり方がわからないで放置しているうちに訴訟に発展しまうパ
ターン、④一応話合いはしていても、その取組み方や手順が間違って
いるためにまとまらないパターンなどがあります。中には、訴訟にな
る前に弁護士に相談に行っても、弁護士から「訴訟になったら依頼し
てください」と言われてしまう例もあるようです。このような理由で
訴訟に発展してしまうことは、訴訟になった場合の事業者の負担や敗
訴のリスクを考えると、大変もったいないことです。

そこで、もっと話合いによる解決に取り組んでほしいという想いから、労使トラブルが起きた場面における話合いの進め方をわかりやすく示すことを目指したのが本書です。「難しく見えるトラブルもあきらめずに正しい方法で話合いをすれば解決できる」ということが本書のテーマです。労使トラブルについての書籍は、これまで裁判例の解説や、トラブルを防止するための予防策の解説といった内容のものが多かったように思います。それらの解説は、必ずしも「実際にトラブルになった場面」で「労働者とどのように話合いをして解決していくべきか」を教えてくれるものではありません。本書では「実際に労使トラブルになってしまった場面で労働者とどのように話合いをして解決していくべきか」という点の解説に注力し、話合いに臨む際の指針となる書籍を目指しました。

　本書の執筆にあたって、日本法令の吉岡幸子様に大変なご尽力をいただきました。感謝申し上げます。また、筆者が所属する弁護士法人咲くやこの花法律事務所のメンバーには、多くの経験を共有してもらい、本書の内容に反映しました。

　法律の話はどうしても難しくなりがちです。本書は、法律に詳しくない方にも、読みやすい内容になるように力を注ぎました。もちろん、筆者の書籍を初めて読んでいただく方にとってもわかりやすい内容に仕上げています。
　一方で、本書は、筆者が過去に執筆してきた円満解決シリーズの3作目という位置付けもあります。令和3年に1作目の「問題社員トラブル円満解決の実践的手法」を出版しました。これは、いわゆる「問題社員」とのトラブルを、訴訟に発展しやすい解雇ではなく、話合いにより解決する方法を解説した書籍で、多くの方に読んでいただくことができました。さらに、令和5年には2作目となる「労使トラブル円満解決のための就業規則・関連書式作成ハンドブック」（CD－ROM付）を出版しました。これは就業規則と労務関連書式について

「そのまま使えるひな形」を掲載したうえで、その内容について詳細な解説を加えた書籍です。この書籍も多くの方に読んでいただき、好評をいただきました。3作目となる本書は、1作目で取り上げた問題社員トラブル以外のトラブルについて、話合いでの解決方法を解説したものです。1作目、2作目と比べても、よりわかりやすく、読みやすい表現を心掛けました。そして、本書は、私だけでなく、弁護士法人咲くやこの花法律事務所の木澤愛子弁護士、井田瑞輝弁護士とともに執筆しました。2人は、使用者側弁護士として、事業者側の立場から労使トラブルを話合いで解決することに精力的に取り組んできた新進気鋭のメンバーです。木澤弁護士が第1章、井田弁護士が第2章、私が第3章を担当しましたが、すべての章について細部にわたり3人で議論を重ね、3人の経験を反映しました。

　筆者は、長期化・泥沼化しやすい訴訟を避け、話合いで労使トラブルを解決する技術を磨くことは、日本企業の成長力の課題を解決するためにも大切なことだと感じています。本書が少しでもその助けになればうれしく思います。

令和7年1月20日
弁護士　西川暢春

（注）　本書で筆者らの経験としてご紹介する事例は、実際の事例に、事案の特定を避けるために必要な範囲で改変を加えたものです。

目　　次

第1章　ハラスメントトラブルの円満解決

相談事例 上司のパワハラにより精神疾患を発症したとして従業員が休職し、関係者全員のヒアリングを求めている場合の対応 ····· 2

1　パワーハラスメントをめぐるトラブルの特徴 ················ 4

2　適切に対応しない場合に生じる弊害 ··············· 6

3　相談事例について参考になる裁判例 ··············· 8

4　職場におけるパワーハラスメントの定義 ··············· 11

(1) 被害者がパワハラだと思えばパワハラになるわけではない　／11

(2) 「優越的な関係を背景とした」言動とは？　／12

(3) 「業務上必要かつ相当な範囲を超えた」言動とは？　／13

(4) 「労働者の就業環境が害される」言動とは？　／16

5　パワーハラスメントがあった場合に加害者や事業者に生じる責任 ··············· 18

(1) 加害者個人の不法行為責任　／18

(2) 事業者の使用者責任　／18

(3) 事業者の職場環境配慮義務違反による責任　／19

(4) パワーハラスメントを理由とする労災認定　／19

(5) 取締役の損害賠償責任　／19

6 円満解決のためには適切な相談対応と調査が前提となる ……………………………………………………………… 21

  (1) ハラスメントの相談に適切に対応する ／22
  (2) 調査は「迅速・正確」と「中立・公平」を意識して行う ／26
  (3) 調査段階でのありがちな失敗例 ／27
  (4) 退職者からの請求の場合 ／34
  (5) 必要に応じて外部専門家を活用する ／36

7 パワーハラスメントにあたるかどうかの判断 …………… 37

  (1) 判断を誤らないことも重要 ／37
  (2) 証拠をすべて確認する ／38
  (3) 弁護士に相談する ／39

8 ハラスメントにあたる可能性が高い場合の円満解決の方法 …………………………………………………………… 41

  (1) 被害者が在職中の場合 ／41
  (2) 被害者が既に退職している場合 ／43

9 ハラスメントにあたる可能性が低い場合の円満解決の方法 …………………………………………………………… 49

  (1) 相談者が在職中の場合 ／49
  (2) 退職者からの金銭請求の場合 ／57

10 円満解決のために日頃から取り組むべきこと …………… 61

  (1) ハラスメントの相談に対応するために必要な体制の整備 ／61
  (2) 相談窓口の整備以外に日頃から取り組むべきこと ／66

11 まとめ ……………………………………………………… 68

第2章	復職をめぐるトラブルの円満解決 （メンタルヘルス不調の事例を題材に）

相談事例 休職前から協調性や勤務態度に問題があった従業員から復職を求められた場合の対応 ………………………………………… 72

1 メンタルヘルス不調による休職・退職が増えている …… 74

2 復職を認めない判断はトラブルになりやすい …………… 75

(1) まずは就業規則を確認する ／75

(2) 復職を認めないという判断を安易にしてはいけない ／76

3 復職をめぐるトラブルが訴訟になるとどうなるか？ …… 78

(1) 相談事例について参考になる裁判例 ／78

(2) 復職を認めるかどうかは事業者の自由ではない ／79

4 復職の可否を判断する際の正しい進め方 ……………… 81

(1) 復職の可否の判断の流れ ／81

(2) 休職者から復職の希望があれば主治医の診断書を提出してもらう ／82

(3) 診断書を作成した主治医への照会は必ず行う ／83

(4) 休職者から同意書をもらう ／88

(5) 「職務内容報告」と「回答書」の用紙を作成し、主治医に郵送する ／95

(6) 「回答書」の内容を踏まえて主治医と直接面談をする ／103

(7) 事業者として復職可否の判断を行う ／107

5 復職の可否の判断基準 …………………………………… 112

(1) 従前の業務が通常の程度に行える健康状態にまで回復している

7

場合（判断基準①）／113

　(2)　しばらく業務を軽減する期間を設ければ、ほどなく従前の業務
　　　が通常の程度に行える健康状態にまで回復している場合（判断
　　　基準②）／114

　(3)　配置される現実的な可能性のある他の業務であれば勤務可能
　　　で、本人もその業務での勤務を申し出ている場合（判断基準
　　　③）／116

6　主治医の診断内容ごとの注意点 ……………………………… 119

7　復職を認めない場合の円満解決の方法 ………………… 128

　(1)　主治医が就労可能と診断しているのに復職を認めない場合は話
　　　合いでの解決が基本　／129

　(2)　合意退職に応じてもらう方法　／133

8　健康は回復しているが問題社員のため退職してほし
い場合の円満解決の方法 ……………………………………… 144

　(1)　理論上も自然退職扱いはできない　／144

　(2)　合意退職に向けた説得方法　／146

9　退職に合意したときは合意書を作成する ………………… 149

10　復職に関するトラブルを予防するために行うべきこと
………………………………………………………………………… 152

　(1)　休職開始時の説明　／152

　(2)　休職期間中の休職者とのコミュニケーション　／157

　(3)　休職期間中の主治医との連絡　／161

　(4)　就業規則の整備　／162

第3章 未払い残業代トラブルの円満解決

相談事例 管理監督者として扱っていた役職者が弁護士をつけて
残業代を請求してきた場合の対応 ……………………………… 168

1 割増賃金の支払いは労働基準法上の義務 ……………… 169

- (1) 労働時間についてのルール ／169
- (2) 休日についてのルール ／170
- (3) 割増賃金の不払いは刑事罰の対象 ／170
- (4) 割増賃金について交渉の必要が生じる理由 ／172

2 訴訟になる前に交渉で解決したほうがよい理由 ……… 175

- (1) 訴訟になるとどうなるか？ ／175
- (2) 相談事例について参考になる裁判例 ／176
- (3) 交渉での解決の目標 ／178
- (4) 交渉で解決するために必要なこと ／179

3 タイムカードの開示要求にどう対応するか ……………… 181

- (1) 開示を求められる理由 ／181
- (2) 開示拒否は適切ではない ／182
- (3) 労働者側弁護士が設定した期限に遅れる場合の対応 ／183

4 事業者からも労働者に対して資料の開示を求める …… 184

- (1) 労働者側の資料も踏まえて正しい見通しをたてる ／184
- (2) 労働者から開示された資料の信用性を十分検討する ／186
- (3) 労務管理の見直しも必要 ／187

5 労働者側から過大な請求を受けたときは全面的な反論をする … 189

9

(1) 全面的な反論で期待値を下げる　／189

(2) 交渉に枠を設定する　／191

6　落としどころを見つけて最終の解決案を示す ………… 192

(1) 訴訟になった場合の見込み額が基本的な基準になる　／192

(2) 反論が認められる見込みの程度を正しく理解する　／192

(3) 割合的な判断も検討する　／196

(4) 労働者側の事情も見極める　／199

(5) 解決案は丸い金額のみを示す　／200

(6) 源泉徴収義務にも注意　／202

7　合意書を作成する ………………………………………… 204

(1) 合意書の作成が完了してから支払いをする　／204

(2) 事業者側から要望すべき点は事前に解決する　／206

8　労働者側の了解ゾーンを広げつつ低めいっぱいをねらう ……208

(1) 交渉の進め方の流れのまとめ　／208

(2) 労働者側の了解ゾーンを見極める　／209

9　交渉が失敗する原因 ……………………………………… 212

(1) 依頼すべき弁護士の選択を誤る　／212

(2) 法的な誤解により低すぎる提案をしてしまう　／213

(3) 事前の検討不足により低すぎる提案をしてしまう　／215

(4) 過去のいきさつにこだわってしまう　／219

(5) 根拠のない甘い見通し　／220

(6) 適切な予算をとらない　／220

(7) 労働者側の請求額が大きすぎて交渉での解決をあきらめてしまう　／221

10　交渉のタイムリミットを意識する ……………………… 222

［第1章］
ハラスメントトラブルの円満解決

相談事例

上司のパワハラにより精神疾患を発症したとして従業員が休職し、関係者全員のヒアリングを求めている場合の対応

　私は歯科クリニックを経営しています。2か月前に新しく歯科衛生士の女性を採用しましたが、先日、この女性職員から、パワーハラスメントを受けているという相談がありました。

　パワーハラスメントがあったと言われているのは、以前からクリニックに勤務している歯科医師の男性です。この男性医師は、被害を訴えている女性職員を指導する立場にあり、女性職員と一緒に患者に対応する機会も多くありました。

　女性職員が訴えているパワーハラスメント被害の内容は主に以下の3点です。

(1)　女性職員がクリニックに勤務し始めて間もない時期に、仕事を覚えるために業務中にメモをとっていたところ、男性医師から、繰り返し、「メモをとるな」「できる人はメモをとらない」などと言われて、メモをとることを禁止され、不合理に叱責されたこと

(2)　男性医師に書類の見方を教えてほしいと頼んだ際に、「社会人は自分で学んでいくもの」「ここは学校ではないんだから」「みんな自分で勉強して理解している」などと言われたこと

(3)　男性医師から「3か月たったら、皆の迷惑になるから、早くできるようにならないとダメ」と叱責され、叱責に耐えられなくなった女性職員が早退しようとし、さらに、男性医師の指導が理解できないため退職する意向であると告げると、男性医師から「俺の何が気に食わないのか」「逃げるのか」「俺に対して失礼だと思わないのか」とさらに叱責されたこと

女性職員は、その後、退職の意向は撤回しましたが、適応障害の診断を受けて休職しています。いまは女性職員の弟がクリニックとの連絡窓口になり、クリニックに対して、関係者全員をヒアリングして、問題の男性医師によるパワーハラスメントの有無について調査をして欲しいと要望しています。どのように対応したらよいのでしょうか。

1 パワーハラスメントをめぐる
トラブルの特徴

　本章では、職場におけるパワーハラスメントをめぐるトラブルを取り上げます。

　パワーハラスメントに関するトラブルは、事業者が直面することが多いトラブルの1つです。令和6年1月に全国の男女労働者8,000名に対して行われた調査では、「あなたは過去3年間に、勤務先でパワハラを受けたことがありますか。」という質問に対して、男性労働者のうち19.4％、女性労働者のうち19.2％が「経験した」と回答しています（令和5年度厚生労働省委託事業「職場のハラスメントに関する実態調査報告書」）。後で説明するように、本人がパワーハラスメントであると感じたからといって法律上のパワーハラスメントにあたるわけではありませんが、**上記調査結果によれば、おおむね5人に1人がパワーハラスメントを受けたと感じています。このことからも、パワーハラスメントのトラブルは、件数の多い身近な問題であることがわかります。**

　このようなパワーハラスメントのトラブルは、残業代トラブルや解雇トラブルなどと異なり、以下の特徴があります。

≫ パワーハラスメントのトラブルの特徴

① 被害者と加害者の双方が在職している状態で紛争化することが多く、職場内での対立・職場環境への悪影響を招きやすい

② 被害者が精神疾患を発症するなどして問題が深刻化する危険がある

③ 被害者やその家族から整理されていない多岐にわたる主張や要望がされることも多く、対応する事業者の負担が大きい

4　第1章　ハラスメントトラブルの円満解決

また、残業代請求トラブルのような金銭的なトラブルとは異なり、パワーハラスメントのトラブルは本来的には感情面のトラブルであるという特徴もあります。特に被害者が在職中の場合、円満な解決のためには被害者の心情をくんで対応することが必要になります。なお、本章で解説する職場におけるパワーハラスメントトラブルの円満解決の方法の基本的な考え方は、職場におけるセクシュアルハラスメントなどパワーハラスメント以外のハラスメントトラブルの対応の際にもあてはまります。

　本章では、被害を訴えている労働者を「相談者」または「被害者」、被害を訴えられている労働者を「行為者」または「加害者」と呼んで説明します。

2 適切に対応しない場合に生じる弊害

　では、パワーハラスメントのトラブルに事業者が適切に対応しない
と、どのような弊害が生じるのでしょうか。

　まず、被害者が心身の健康を損ない、精神疾患を発症したり、休職
したりするということが起こり得ます。職場でのパワーハラスメント
により精神疾患を発症したとして労災保険の請求に発展することもあ
るでしょう。また、将来を期待された優秀な従業員が、パワーハラス
メントの被害を受けることにより、離職してしまう危険もあります。

　パワーハラスメントがある職場では、職場の雰囲気が悪くなり、生
産性も下がります。また、事業者には法律上パワーハラスメントを防
止する措置を講じる義務があり、違反があったと判断されると、行政
による是正指導の対象となります。

　**被害者がパワーハラスメントの被害による損害の賠償を求めて、事
業者に対して訴訟を起こす例もあります。このような訴訟への対応
も、事業者にとって大きな負担です。**一般論としては、訴訟でパワー
ハラスメントが認められた場合でも、事業者が支払いを命じられる損
害賠償の額が多額になることはそれほど多くありません。数十万円程
度の賠償を命じられるにとどまる例も多いです。しかし、ひどいパ
ワーハラスメントが一定期間継続して行われた場合には、被害者の自
殺という最悪の結果を引き起こすことがあり、これについて事業者が
多額の損害賠償を命じられる例もあります。例えば、❶X産業事件
（福井地方裁判所判決平成26年11月28日）の事案は、直属の上司が、
高卒の新入社員に対して、「毎日同じことを言う身にもなれ」「相手す
るだけ時間の無駄」「反省しているふりをしているだけ」「会社辞めた
ほうが皆のためになるんじゃないか、辞めてもどうせ再就職はできな

6　第1章　ハラスメントトラブルの円満解決

いだろ」「死んでしまえばいい」など、仕事上のミスに対する叱責の域を超えて、被害者の人格を否定し、威圧する言動を繰り返した事案です。裁判所は、上司の言動は典型的なパワーハラスメントにあたると判断しました。そのうえで、このパワーハラスメントの結果、被害者が精神障害を発症し、自殺に至ったとして、会社と加害者に対して、8,000万円を超える賠償を命じています。

3 相談事例について参考になる裁判例

　冒頭の相談事例は、❷長崎県ほか（非常勤職員）事件（長崎地方裁判所判決令和3年8月25日）の事案を題材にアレンジを加えたものです。実際の裁判例の事案では、被害を訴えた女性職員は、歯科衛生士の職種で長崎県に任用された非常勤職員でした。この女性職員が、県の課長補佐で直属の上司であった男性の歯科医師と長崎県に対し、訴訟を提起したのが裁判例の事案です。

　裁判所は、女性職員が主張した男性医師の言動のうち、(1)のメモをとることを禁止した行為については違法であると判断しました。その理由として、女性職員は男性医師の説明を十分に理解できずにいたところ、メモをとることを制限されたことも理解を困難にした要因であり、メモの制限は、合理的な理由なく女性職員の業務習熟を妨げるものだったと判示しています。男性医師は、メモを制限した理由について、自分が無理やりメモをとらせているように見えるため、自身の体面を考慮して制限したと説明していましたが、そのような理由はメモを制限する合理的理由とは言えないと判断しました。

　次に、(2)の「社会人は自分で学んでいくもの」「ここは学校ではないんだから」「みんな自分で勉強して理解している」などと言われたという点については、おおむねそのような発言があったことは認められるものの、違法であるとまでは言えないと判断しました。裁判所は、その理由として、この発言が、男性医師の指示、説明に対して、女性職員が理解することができず質問し、口論になった際にされたものであることを挙げています。

　そして、(3)については、男性医師の言動のうち、「3か月たったら、皆の迷惑になるから、早くできるようにならないとダメ」と叱責した

8　第1章　ハラスメントトラブルの円満解決

点は、女性職員に対する指導ということができ、違法であるとまでは言えないと判断しました。一方、女性職員が男性医師の指導が理解できないため退職する意向であると告げたのに対し、「俺の何が気に食わないのか」「逃げるのか」「俺に対して失礼だと思わないのか」と叱責した点は、退職の意向を示した部下に対して事情を聴取する際の上司の言動として不適切であることが明らかであり、違法であると判断しました。

　裁判所はこのような判断に基づき、県に慰謝料30万円の支払いを命じています。

　このように、裁判例の事案で認められた慰謝料の額は少額であったものの、訴訟は1年以上にわたったことがうかがえます。

　一般に、ハラスメントについての訴訟では、被害者がハラスメントであると主張する一つ一つの言動について、そのような言動があったという事実が認定できるかが、判断の対象となります。そのうえで、認定できる一つ一つの言動について、それがハラスメントにあたるかどうかを裁判所が判断することが通常です。そのため、被害者がハラスメントであると主張する言動の数が多い場合は、訴訟が長期化しやすく、第一審だけでも2年近くかかることが少なくありません。事業者は、訴訟対応のために、長い時間と労力、そして弁護士費用を費やさざるを得なくなります。

　このような事態を避けるためには、事業者は、最初にハラスメント被害の申告があった時点で、適切な対応をする必要があります。被害者がハラスメントの調査の方法が公正でないと感じたり、事業者が被害者の心情をくんだ対応をしてくれていないと感じたりした場合は、納得のいく判断を求めて訴訟に発展してしまう例が多いです。一方で、本章で解説するポイントを意識して対応すれば、ハラスメントのトラブルを訴訟に発展させずに、社内で円満解決することはそれほど難しくありません。

　以下では、まず、基本的な事項として職場におけるパワーハラスメントの定義や判断基準の概要を解説します。そのうえでパワーハラ

3　相談事例について参考になる裁判例　9

スメントのトラブルを訴訟に発展させずに円満に解決する方法を解説
します。

4 職場におけるパワーハラスメントの定義

① 被害者がパワハラだと思えばパワハラになるわけではない

　パワーハラスメントのトラブルの解決方法を考える前に、まず「パワーハラスメント」の定義を正しく理解しておく必要があります。従業員からの「パワーハラスメントを受けています」という被害申告の中には、「被害者がパワーハラスメントと感じればすべてパワーハラスメントになる」と誤解しているように思えるものもあります。

　しかし、本人が「パワーハラスメントだ」と感じさえすれば、パワーハラスメントにあたるわけではありません。「労働施策の総合的な推進並びに労働者の雇用の安定及び職業生活の充実等に関する法律」（以下、「パワハラ防止法」といいます）によって、**以下の３つの要素をすべて満たすものが職場におけるパワーハラスメントであると定義されています。**

■職場におけるパワーハラスメントの３つの要素

> ①　職場において行われる優越的な関係を背景とした言動であること
> ②　業務上必要かつ相当な範囲を超えた言動であること
> ③　労働者の就業環境が害される言動であること

　この３つの要素については、厚生労働省の指針（令和２年厚生労働省告示第５号）で、その詳細が説明されています。この指針は「パワハラ防止指針」と呼ばれます。インターネットでも閲覧できますので

4　職場におけるパワーハラスメントの定義　11

確認してみてください。以下では、職場におけるパワーハラスメントの定義を構成する上記の3つの要素を、パワハラ防止指針に沿って順に説明します。

「優越的な関係を背景とした」言動とは？

まず、1つ目の要素から見てみましょう。

「優越的な関係を背景とした」言動とは、要するに、職場内で抵抗したり、拒絶したりすることが難しい関係を背景とする言動を言います。

パワハラ防止指針では、以下のとおり説明されています（パワハラ防止指針2(4)）。

> 「優越的な関係を背景とした」言動とは、当該事業主の業務を遂行するに当たって、当該言動を受ける労働者が当該言動の行為者とされる者に対して抵抗又は拒絶することができない蓋然性が高い関係を背景として行われるもの

典型的には、上司の部下に対する言動がこれにあたりますが、同僚や部下による言動もこれにあたることがあります。パワハラ防止指針では以下の例が挙げられています。

■「優越的な関係を背景とした」言動の例

- 職務上の地位が上位の者による言動
- 同僚又は部下による言動で、その言動を行う者が業務上必要な知識や豊富な経験を有しており、その者の協力を得なければ業務の円滑な遂行を行うことが困難であるもの
- 同僚又は部下からの集団による行為で、これに抵抗又は拒絶することが困難であるもの

例えば、対等な関係にある同僚からの暴言は、上記の例のようにその同僚が業務上必要な知識や豊富な経験を有しており、その協力を得なければ業務を円滑に行えないといった事情がない限り、原則として「優越的な関係を背景とした」言動ではなく、パワーハラスメントにはあたりません。

③　「業務上必要かつ相当な範囲を超えた」言動とは？

　次に、2つ目の要素について見てみましょう。
　「業務上必要かつ相当な範囲を超えた」言動とは、以下の2つを指します（パワハラ防止指針2⑸）。

---

①　社会通念に照らし、明らかに事業主の業務上必要性がない言動

②　社会通念に照らし、その態様が相当でない言動

　例えば、既に改善されて指導する必要がなくなった過去の業務上の失敗を上司が蒸し返して叱責することは、通常は①の「業務上必要性がない」言動にあたります。裁判例の中にも、1年以上前の出来事について、食事会の場で、他の従業員の前で叱責したという事案について、「指導方法として極めて不相当」と判示したものがあります（❸アリスペッドジャパン事件・東京地方裁判所判決令和5年3月2日）。
　また、**業務上必要な指導であっても、指導の方法に行き過ぎがあるなど、指導の方法が不適切な場合は、②の「態様が相当でない」言動にあたります。**ここでいう「態様」とは、あり方、様子といった意味です。例えば、部下の仕事ぶりに問題があり、指導の必要があったとしても、具体的な改善方法を示さないまま、他の部屋に響くほどの大声で数時間にわたって叱責を続ける行為は、通常は「態様が相当でない」言動にあたるでしょう。一方、客観的に見て、業務上必要かつ相当な範囲で行われる適正な業務指示や指導は、パワーハラスメントに

4　職場におけるパワーハラスメントの定義　13

あたりません（パワハラ防止指針2(1)）。

　そして、この「業務上必要かつ相当な範囲を超えた」言動かどうかは、以下の要素を総合的に考慮して判断します（パワハラ防止指針2(5)）。

■「業務上必要かつ相当な範囲を超えた」言動か否かの判断の考慮要素

> i　言動の目的
> ii　言動が行われた経緯や状況（言動を受けた労働者の問題行動の有無や内容・程度を含む）
> iii　業種・業態
> iv　業務の内容・性質
> v　言動の態様・頻度・継続性
> vi　労働者の属性や心身の状況
> vii　言動を受けた労働者と行為者との関係性
> viii　言動を受けた労働者の行動が問題となる場合は、その内容・程度とそれに対する指導の態様等の相対的な関係性

　以下で上記の考慮要素を順番に見ていきましょう。

　まず、iの「言動の目的」については、嫌がらせや退職の強要を目的とする言動だったのか、それとも業務改善のための指導など、業務上必要な目的による言動だったのかという点が考慮されます。嫌がらせや退職の強要を目的とする言動、あるいは個人的な嫌悪の感情に基づく言動は、言動の目的の観点から、「業務上必要かつ相当な範囲を超えた」言動にあたる可能性が高いでしょう。一方、指導を目的とする言動であっても、客観的に見れば指導の必要性がない場合や、指導が厳しすぎるなど指導方法が不適切な場合は、iiの「言動が行われた経緯や状況」やvの「言動の態様」などの観点から、「業務上必要かつ相当な範囲を超えた」言動にあたることがあります。

　次に、iiの「言動が行われた経緯や状況」については、重大な問題行動を繰り返す労働者に対しては、ある程度厳しい叱責も、叱責に

14　第1章　ハラスメントトラブルの円満解決

至った経緯を考慮すれば「業務上必要かつ相当な範囲を超えた」言動とは言えないと判断されることがあります。また、職責上の下位者が上位者による指導に反論して互いに口論している状況で行われた上位者の発言は、攻撃的な内容を含むものであっても、その状況を考慮すれば「業務上必要かつ相当な範囲を超えた」言動とは言えないと判断されることがあります。裁判例でも、新人看護師が先輩看護師から注意を受けたのに対して挑発的な発言で応じて互いに口論になっている状況で、先輩看護師が新人看護師に「人間的に無理」と発言した事案について、その状況を考慮してパワーハラスメントにはあたらないとされた例などがあります（❹東京地方裁判所判決平成28年10月7日）。

　そして、ⅲの「業種・業態」、ⅳの「業務の内容・性質」については、安全性が強く求められる業種や、ミスが重大な結果を招く業務においては、ある程度厳しい叱責も「業務上必要かつ相当な範囲を超えた」言動とは言えないと判断されることがあります。例えば、医師が手術中に研修医に対し、「バカ、お前」「何やってんだよ」「何で出来ねえんだよ」などと叱責したという事案について、手術中という緊張感のある状況での発言であることなどを踏まえると、指導の範囲を逸脱した違法な発言とは言えないと判断された例があります（❺医療法人社団誠馨会事件・千葉地方裁判所判決令和5年2月22日）。

　ⅴの「言動の態様・頻度・継続性」は、人格を否定する内容や侮辱を含むような言動であったか、叱責等がどのくらいの時間行われたか、他の従業員の面前で行われたか、どのくらいの頻度でどのくらいの期間継続して行われたか等が考慮されます。

　ⅵの「労働者の属性や心身の状況」については、例えばメンタルヘルス不調者に対する厳しい叱責や、就労経験の乏しい新入社員に対する厳しい叱責は、「業務上必要かつ相当な範囲を超えた」言動と評価されやすくなります。

　そして、ⅶの「言動を受けた労働者と行為者との関係性」では、日頃から良好な関係・コミュニケーションがとれている関係であったか否か等が考慮されます。例えば、❻明日香村事件（奈良地方裁判所判

決令和4年3月24日）は、室外に聞こえる大声でされた「しっかりせいよ」「なめていたらあかんで」などの叱責がパワーハラスメントにはあたらないと判断された事案です。裁判所は、このように判断した理由の1つとして、叱責した上司と叱責された部下が以前は一緒に食事や旅行に行くなど親密な関係にあったことを考慮しています。

最後に、Ⅷの「労働者の問題行動の内容・程度とそれに対する指導の態様等の相対的な関係性」は、叱責等の原因となった労働者の問題行動の程度と、叱責の仕方のバランスを考慮するものです。軽微な問題行動に対して過度な叱責をすることは、労働者の問題行動の程度と叱責の仕方のバランスを欠くものとして、「業務上必要かつ相当な範囲を超えた」言動と評価されやすくなります。

「労働者の就業環境が害される」言動とは？

そして、パワーハラスメントの3つ目の要素が「労働者の就業環境が害される」言動であることです。**これは「就業するうえで無視することのできない程度の支障を生じさせるような言動かどうか」という、言動による悪影響の程度を問題にし、悪影響が大きい言動のみをパワーハラスメントにあたるとするものです。**パワハラ防止指針では、以下のとおり説明されています（パワハラ防止指針2(6)）。

> 「労働者の就業環境が害される」とは、当該言動により労働者が身体的又は精神的に苦痛を与えられ、労働者の就業環境が不快なものとなったため、能力の発揮に重大な悪影響が生じる等当該労働者が就業する上で看過できない程度の支障が生じること

この「労働者の就業環境が害される」言動にあたるかどうかの判断は、その言動を受けた労働者本人の感じ方を基準にするのではなく、「平均的な労働者の感じ方」を基準にします。つまり、同じ状況でその言動を受けた場合に、社会一般の労働者が、就業するうえで無視す

ることができない程度の支障が生じたと感じるような言動であるかどうかが基準になります。

　例えば、営業会議の席で、上司が営業担当者の営業成績について叱責し、机を1回たたいたという事案について、適切とは言い難いが、机を一度たたけば違法と言えるものでもないとして、違法性を認めなかった裁判例があります（❼大阪地方裁判所判決令和5年9月29日）。これは、叱責の方法として適切とは言えないものの「労働者の就業環境が害される」までには至っていないという判断であると理解することができます。平均的な労働者の感じ方を基準に判断するため、繊細で傷つきやすい労働者が、このような叱責でひどく落ち込むことがあったとしても、「労働者の就業環境が害される」言動という要素を満たすことにはなりません。

5 パワーハラスメントがあった場合に 加害者や事業者に生じる責任

　次に、パワーハラスメントがあった場合に加害者や事業者に生じる責任とその根拠について確認しておきます。

〈1〉 加害者個人の不法行為責任

　まず、パワーハラスメントが、被害者の名誉等の権利を侵害する不法行為にあたる場合、加害者は被害者に対して損害賠償責任を負うことになります（民法709条）。

〈2〉 事業者の使用者責任

　民法715条1項本文は、「ある事業のために他人を使用する者は、被用者がその事業の執行について第三者に加えた損害を賠償する責任を負う。」と定めています。従業員を雇用している事業者は、この条文にいう「他人を使用する者」にあたります。また、従業員はこの条文にいう「被用者」にあたります。この条文は、従業員が行った不法行為について、一定の要件の下で、事業者が責任を負うことを定めたもので「使用者責任」と呼ばれます。事業者は、自社の従業員によるパワーハラスメントが不法行為にあたる場合、この使用者責任により、被害者に対する損害賠償責任を負うことがあります。

18　第1章　ハラスメントトラブルの円満解決

③ 事業者の職場環境配慮義務違反による責任

　事業者は、従業員に対して働きやすい良好な職場環境を維持する義務を負っています。これは「職場環境配慮義務」と呼ばれます（水町勇一郎著『詳解　労働法［第3版］』（東京大学出版会、298頁））。パワーハラスメントがあった場合、この職場環境配慮義務に違反したとして、事業者に損害賠償責任が認められることがあります。職場環境配慮義務違反は、職場内のパワーハラスメントの予防措置をとらなかったことについて認められるケースのほか、パワーハラスメント発生時の事業者としての対応が不適切であったことについて認められるケースがあります。

④ パワーハラスメントを理由とする労災認定

　従業員がパワーハラスメントを受けたことによって精神疾患を発症した場合、労災が認定されることがあります。労災の認定は、国と従業員との間の法律関係の問題ですが、労災が認定されると、事業者の使用者責任や職場環境配慮義務違反が肯定されやすくなるという形で、事実上、事業者の責任にも影響を与えます。

⑤ 取締役の損害賠償責任

　会社法429条1項は、「役員等がその職務を行うについて悪意又は重大な過失があったときは、当該役員等は、これによって第三者に生じた損害を賠償する責任を負う。」と定めています。取締役がパワーハラスメントを防止する体制の構築を怠り、パワーハラスメント被害を発生させた場合、この規定により、被害者に対して取締役個人が責任

を負うことがあります。パワーハラスメントの被害者が自殺した事案について、代表取締役が朝礼時に加害者によるパワーハラスメントを目撃していたにもかかわらず、指導等をしておらず、パワーハラスメントを防止するための体制を何らとっていなかったとして、代表取締役個人も約7,000万円の損害賠償責任を負うとされた例などがあります（❽サン・チャレンジほか事件・東京地方裁判所判決平成26年11月4日）。

6　円満解決のためには適切な相談対応と調査が前提となる

　ここまで、職場におけるパワーハラスメントの定義や判断基準、事業者の責任といった基本的な事項を説明しました。では、社内でパワーハラスメントのトラブルが起こってしまった場面では、事業者はどのような方針で対応すればトラブルを円満解決できるのでしょうか。

　従業員から事業者に対してパワーハラスメントの被害申告がされる場面は、大きく分けて2つあります。1つは、在職中の従業員から「自分は●●さんからパワーハラスメントを受けています」という被害申告がされる場合です。この場合、被害を申告する従業員の要望は、自身と行為者を引き離すための配置転換（部署異動）を求めるものであったり、行為者への注意や懲戒処分などにより職場環境を改善することを求めるものであったりすることが多いです。行為者による謝罪を求める例もあります。

　もう1つは、退職した元従業員から、在職中にパワーハラスメントを受けたと主張される場合です。弁護士を代理人につけて主張される例もあります。この場合は、既に職場から離れているため、職場環境の改善を求めるというよりも、金銭請求、つまり使用者責任や職場環境配慮義務違反に基づく損害賠償請求の形がとられることが多くなっています。パワーハラスメントを理由とする損害賠償請求だけがされるケースのほか、残業代請求や不当解雇の主張とあわせてパワーハラスメントを理由とする損害賠償請求がされるケースも多いです。

　このように、**被害を申告している従業員が在職中の場合と、既に退職している場合とで、要求内容は異なります。しかし、いずれの場合でも、事業者がとるべき対応は、パワーハラスメントにあたる事実が**

あったかどうかについて、**適切な調査をすることです**。そして、調査後の対応は、「パワーハラスメントにあたる可能性が高い場合」と「パワーハラスメントにあたる可能性が低い場合」とで異なります。

　以下では、まず、パワーハラスメント被害の申告を受けた際の相談対応の注意点とその後の調査の注意点を説明します。

 ハラスメントの相談に適切に対応する

ア　相談対応の際の留意点
　法律上、事業者には、労働者からのパワーハラスメントについての相談に応じ、適切に対応するために必要な体制の整備が義務付けられています（パワハラ防止法30条の2第1項）。

　では、「適切な対応」とはどのようなものでしょうか。

　ハラスメントの相談を受ける際は、相談者に対して、まず、「相談についてのプライバシーは守られること」、「相談内容を承諾なく行為者に伝えることはないこと」を明確に伝えるべきです。そうすることで相談者が安心して相談できる環境を作ることが必要です。**また、「相談したことにより事業者から不利益な扱いを受けることはないこと」、「行為者による報復等は厳格に禁止されていること」を伝えることも必要です**。万が一、行為者が何らかの方法により相談の事実を知り、相談者に対して相談の取下げを求めたり、報復的な行動をとったりすることがあれば、必要な対応をするので連絡してほしいと相談者に伝えておくべきでしょう。

　そのうえで、以下の点に留意して相談に対応する必要があります。

≫ 相談対応の際の留意点

・相談者の心身の状況やその言動が行われた際の受け止め方など相談者の認識にも配慮する（パワハラ防止指針4(2)ロ）。
・パワーハラスメントが現実に生じている場合だけでなく、その発生のおそれがある場合や、パワーハラスメントにあたるか否かが微妙な場合であっても、広く相談に対応し、適切な対応を行う（パワハラ防止指針4(2)ロ）。
・相談者が相談窓口の担当者の言動によってさらに被害を受ける二次被害を防ぐための配慮をする。
・行為者や第三者へのヒアリングを行う前に、必ず相談者の意向を確認し、承諾を得る。

　相談段階でのありがちな失敗例の1つが、相談を受けた担当者が個人的な意見を言うことです。例えば、「上司の指導が自分に対してだけ特別厳しい」とか「自分だけ上司から仕事を教えてもらえない」という相談があったときに、担当者が「上司があなたに対してだけそのような態度をとるのはあなたにも問題があるのではないですか？」といった**相談者の落ち度や問題を指摘する発言をすることはトラブルの原因になります。**また、「上司の○○さんは教育的な配慮から、あなたのためを思ってやっているのではないですか？」といった**行為者の肩を持つような発言をすることも適切ではありません。**相談者は、このような発言をする人が担当者となっている相談窓口では公正な対応をしてもらえるはずがないと感じるでしょう。その結果、外部の弁護士に相談をするなどして、トラブルが社内ではおさまらない原因になってしまいます。

　厚生労働省の「パワーハラスメント社内相談窓口の設置と運用のポイント（第4版）」では、相談窓口の担当者が言ってはいけない言葉や態度として、以下の例が挙げられています。

■窓口担当者が言ってはいけない言葉や態度

(1) 「パワハラを受けるなんて、あなたの行動にも問題（落ち度）があったのではないか」と相談者を責める

(2) 「どうして、もっと早く相談しなかったか」と責める

(3) 「それは、パワハラですね／それは、パワハラとは言えません」と断定する

(4) 「これくらいは当たり前、それはあなたの考え過ぎではないか」と説得する

(5) 「そんなことはたいしたことではないから、我慢した方がよい」と説得する

(6) 「（行為者は）決して悪い人ではないから、問題にしない方がいい」と説得する

(7) 「そんなことでくよくよせずに、やられたらやり返せばいい」とアドバイスをする

(8) 「個人的な問題だから、相手と二人でじっくりと話し合えばいい」とアドバイスをする

(9) 「そんなことは無視すればいい」とアドバイスをする

(10) 「気にしても仕方がない。忘れて仕事に集中した方がよい」とアドバイスをする

イ　相談受付票とマニュアルを用意する

　相談者への対応は慣れていないと容易ではなく、一定の技術が必要です。また、ハラスメントの相談はいつあるかわかりません。**いつ相談があっても適切な対応ができるように、あらかじめ相談の際に使用する相談受付票を用意しておくことが必要です。**次ページを参考に自社にあったものを準備してください（**書式１**）。

■書式1　ハラスメント相談受付票の例

相談受付票

相談日時	年　月　日（　）　：　～　：			相談担当者	
相談者	氏名：　　　　　　　　　所属： 希望する連絡方法・連絡先：				

相 談 内 容		いつ	誰から	場所／経緯・状況	問題の言動の内容／目撃者
	①	年　月　日 時ごろ			
	②	年　月　日 時ごろ			
	③	年　月　日 時ごろ			

相談者の感情・対応	
第三者・目撃者の有無	
証拠資料の有無	□メール・LINE・チャットの履歴　□録音データ　□日記やメモ □その他【　　　　　　　　　　】　□無
他者への相談状況	□有【氏名・関係等：　　　　　　　　　対応の内容：　　　　　　　　】 □無
相談者の意向	□話を聞いて欲しい　　　　　　□事情を報告したい □行為者の言動を止めさせたい　□行為者に謝罪をしてほしい □行為者との接点をなくしたい　□行為者に注意、警告をしてほしい □行為者への懲戒処分　　　　　□その他【　　　　　　　　　　】
行為者・第三者にヒアリングすることの同意	□有　□無　備考：
相談者の心身の状況	
相談者への対応・説明内容	
対応の際に留意すべき点	
相談後の対応状況	

6　円満解決のためには適切な相談対応と調査が前提となる　25

相談受付票には、時系列に従って、いつ、どのような経緯で、どのような言動があったのかを具体的に聴いていき、記載します。関連する証拠資料の有無についても確認して記載します。行為者や第三者へのヒアリングを行うことに同意するかどうかも、必ず相談者に確認しましょう。相談時に確認すべき項目をあらかじめ相談受付票に書き込んでおくことで、重要な点を漏れなく確認することができます。相談者への対応結果や相談者に説明した内容等も記録しておくとよいでしょう。

　さらに、相談についての対応マニュアルを整備しておくことが適切です。相談窓口の担当者が誰であっても、同じ対応ができることを目指しましょう。マニュアルを整備することで調査方法について迷うことがなくなり、迅速な対応が可能になります。

② 調査は「迅速・正確」と「中立・公平」を意識して行う

　従業員からハラスメントに関する相談の申出があった場合、事業者は、事実関係を迅速かつ正確に確認する義務を負います（パワハラ防止指針4(3)イ）。

　具体的には、相談窓口の担当者、人事部門の担当者、または専門の調査委員会等が、**相談者と行為者の双方からヒアリングを行うことが必要です。また、相談者と行為者との間で事実関係に関する主張が異なり、事実の確認が十分にできない場合には、同僚などの第三者からもヒアリングを行うなどして事実を確認することが必要です。さらに、関連する証拠資料の提出を求めることも必要になります。**

　前述のとおり、パワーハラスメントにあたるかどうかの判断においては、問題となった言動そのものだけでなく、それが行われた経緯や状況、業務の内容・性質、相談者の属性や心身の状況、相談者と行為者との関係性も考慮する必要があります。そのため、これらの点も含めてヒアリングしなければなりません（14ページ**4**③参照）。

26　第1章　ハラスメントトラブルの円満解決

そして、この事実関係の調査は、中立・公平を意識して行うことが重要です。裁判例でも調査の中立性・公平性が求められています（❾辻・本郷税理士法人事件・東京地方裁判所判決令和元年11月７日等）。**中立・公平な調査のためには、まず、特定の意向に影響されずに調査をする必要があります。**例えば、「行為者は日頃から部下とのトラブルが多く、問題があるから、これを機会に行為者に厳しい対応をしたい」とか、反対に「行為者は会社にとってなくてはならない存在だから穏便にすませて行為者を守りたい」などといった意向に影響されない調査が必要です。**また、中立・公平を疑われないためには、相談者と行為者に対して、できるだけ同じ扱いをすることを意識する必要があるでしょう。**相談者あるいは行為者から、調査の中立・公平を疑われてしまうと調査結果についての納得が得られません。その結果、相談が紛争化するリスクが高まります。また、相談者が、調査が中立・公平でないと感じた場合、相談者の攻撃の矛先が行為者本人だけでなく事業者にも向けられるリスクが高まります。

　調査段階でのありがちな失敗として、以下の例があります。

調査段階でのありがちな失敗例

ア　行為者に注意するだけで調査をしていない

　最も初歩的な失敗例は、調査自体を行わないというものです。以下の例があります。

> ①　ハラスメントの相談があったときに、相談窓口の担当者が「その程度ではハラスメントにはあたらない」と考えて、行為者から話を聴いたり、同僚など第三者から話を聴いたりすることなく、対応を終わらせてしまうケース
> ②　行為者に対して注意しただけで事実関係を調査せずに対応を終わらせてしまうケース

6　円満解決のためには適切な相談対応と調査が前提となる　27

③ 「相談者の訴えが抽象的すぎて調査できない」と考えて、調査せずに対応を終わらせてしまうケース

　このうち、①については、前述のとおり、パワハラ防止指針で、事業者に、事実関係を迅速かつ正確に確認することが義務付けられており、義務違反であることは明らかです。特にハラスメントの相談者が在職中の場合、相談者は、相談窓口への相談により行為者との関係がより悪化する危険があることなどのデメリットも想定して、相談をためらうことも多いです。そのような躊躇を乗り越えて勇気を出して相談したにもかかわらず、相談の担当者が調査を行わずにハラスメントにはあたらないと判断してしまったとしたら、相談者が納得するはずもありません。そのような対応をしてしまった場合、相談者は、事業者の相談窓口に相談しても何も変わらないと考えるでしょう。そうすると外部の弁護士などに相談することになり、社内でおさまらないトラブルになっていきます。このような失敗を防ぐためにも、相談受付票（25ページ**書式１**）に、「行為者・第三者にヒアリングすることの同意」の項目を入れ、調査についての相談者の意向を必ず確認することをルールとしておくべきです。ハラスメントトラブルについては、相談者の申告を受け止め、適切な調査をすることが円満解決の第一歩です。

　次に、②のように**行為者に対して注意しただけで事実関係を調査せずに対応を終わらせてしまうケースも、調査をしていない以上、同様に調査義務違反になります**。裁判例の中には、セクシュアルハラスメントに関する事例ですが、病院職員が理事長によるセクシュアルハラスメント被害を訴えた事案について、病院が職員や理事長、関係者に対する詳細な聞き取り調査をしないまま、理事長に対して「セクハラの訴えがあるから気を付けてほしい」と告げるにとどめたというものがあります（❿医療法人愛整会事件・名古屋地方裁判所岡崎支部判決令和５年１月16日）。裁判所は、この事案において、セクシュアルハラスメントの内容自体は「わいせつ性の程度は高くなく、悪質なも

28　第1章　ハラスメントトラブルの円満解決

のとはいえない」としつつも、被害の相談を受けた後の病院の対応については「極めて抽象的かつ中途半端な対応」であり、「セクハラの訴えがあった際の対応としては全く不十分」であるとして、医療法人に損害賠償を命じています。パワーハラスメントについても同じことがあてはまります。主張されている被害内容が比較的軽微な場合であっても、事実関係の調査をせずに、行為者に対する注意喚起のみにとどめることは違法であると考えるべきでしょう。

　これに対し、③のように「相談者の訴えが抽象的すぎて調査できない」場合は、調査できない以上、法的な調査の義務はありません。例えば、相談者が「〇〇さんのパワーハラスメントによって多数の退職者がでている」などと言うのみで、相談の内容を具体化するように求めても、具体的なパワーハラスメントの内容を回答しないようなケースがこれにあたります。ただし、**相談者の訴えが抽象的すぎて調査できないのであれば、そのことを遅滞なく相談者に伝える**義務があります。❶学校法人茶屋四郎次郎記念学園事件（東京地方裁判所判決令和4年4月7日）では、大学がハラスメントの申告内容が極めて抽象的なものであることなどを理由に審議不能との結論を出した後も8か月以上にわたりそれを相談者に通知しなかったことについて、大学が損害賠償責任を負うと判断されています。また、**相談内容が抽象的であったとしても、職場環境に問題が生じている懸念があるのであれば、相談者が所属する部署の従業員に面談を実施してハラスメントの有無について確認したり、職場内でハラスメントに関するアンケート調査をしたりするなど、事業者として可能な対応をするべきです**。特に、同様の相談が他の従業員からも寄せられていたり、相談者が所属する部署で実際に退職者が続いていたりするような場合は、その必要性が高いです。そして、事業者として行った取組みを可能な範囲で相談者に報告しつつ、職場内でも改めてパワーハラスメントについての意識啓発のための研修等を行うことが適切です。そのように対応することが、相談者にも一定の満足を与え、紛争を円満に解決することにつながります。

イ　証拠の確認を怠る

　相談者と行為者の双方にヒアリングを行ったにもかかわらず失敗してしまう例として、証拠の確認を怠るケースが挙げられます。パワーハラスメントのトラブルについてよくある証拠の1つが、相談者のメモや日記です。従業員が日々の就業の中で「これはパワーハラスメントではないか」と感じた場合、行為者の言動についてすぐに相談したり、外部に訴えたりすることができないとしても、後日、これを問題にしたいと思ったときに使えるように、記録しておくといったことは少なくありません。

　また、最近では、スマートフォンやICレコーダーを使って、パワーハラスメントだと感じた言動を録音する従業員もいます。さらに、パワーハラスメントとされる言動が、業務上使用しているメールやチャットの履歴、あるいはLINEのメッセージ等に残っていることもあります。

　ハラスメントの事実関係について調査をする際は、単に事実関係について当事者や関係者から話を聴くだけではなく、手持ちの証拠資料がないかを相談者や行為者に確認する必要があります。証拠資料がある場合にはそれをすべて提出してもらうように求めましょう。中立・公平の観点からは、相談者に対してだけではなく、行為者に対しても同様に、手持ちの証拠資料の提出を求めるべきです。関連する証拠資料をすべて把握したうえで、相談者や行為者の話がそれと整合するかどうかを確認して事実関係を判断することが、正しい判断につながります。

　このように証拠資料の提出を求めることは、相談者とのトラブルを避け、相談者から調査の中立・公平についての信頼を得るためにも重要です。特に、**相談者と行為者の主張が食い違う場面で、相談者が証拠資料の提出すら求められないまま、パワーハラスメントとは認定されないという調査結果を伝えられた場合、相談者は調査の中立・公平について強い不信感を持つことになります。**

ウ　進捗についてのフィードバックがない

　ハラスメント被害を申告した相談者にとって、不満がたまる場面の
１つが、長期間、進捗について報告がなく、ただ待たされることで
す。前述のとおり、相談者は、相談をする前にあれこれ思いを巡ら
せ、相談をためらうことも多いです。思い切って勇気を出して相談し
たにもかかわらず、自分の相談がどのように扱われているのか、事業
者がきちんと対応してくれているのかがわからないと、相談者はとて
も不安になります。

　調査や判断に時間がかかるときは、まだ検討の途中であっても、相
談窓口の担当者から相談者に対して定期的に進捗のフィードバックを
行いましょう。**相談後１か月程度の間は少なくとも週１回、それ以降
も少なくとも２週間に１回は進捗の報告をすることが、トラブルを防
ぎます。**そして、中立・公平の観点からは、行為者にも同様に進捗の
報告をすべきでしょう。

エ　相談者提出の資料を無断で行為者に確認させてしまう

　相談者が作成したメモや日記を無断で行為者に確認させてしまって
トラブルになる例もあります。裁判例にも、パワーハラスメントの被
害を訴えた職員が親を通じて提出した被害内容などを記載した日記の
コピーを、行為者に渡して内容を確認させたことが問題になった事案
があります。裁判所は、この事案で、日記には被害を訴えた職員の心
情などが記載されており、コピーを渡したことはプライバシーの侵害
であると判断しています（**⓬**京丹後市事件・京都地方裁判所判決令和
３年５月27日）。**相談者が作成したメモや日記は、相談者のプライバ
シーにかかわる内容が記載されていることも多いです。そのため、相
談者がこれを事業者に提出したとしても、相談者の承諾なく、事実関
係の調査の過程で行為者にそのまま見せることは許されないと考える
べきです。**行為者に対する事実確認の際は、相談者の日記等のコピー
をそのまま渡すのではなく、事実関係のみを抽出した書面を別途作成
したうえで行為者にそれを見せながらヒアリングを行うなどの方法に

6　円満解決のためには適切な相談対応と調査が前提となる　31

よることが適切です。

　そして、中立・公平の観点からは、行為者提出の資料を相談者に確認させる場合も同様の扱いをすべきでしょう。

オ　行為者に対する注意喚起を怠る

　厚生労働省のハラスメント対策パンフレット・リーフレットでは、「事実確認が完了していなくても、当事者の状況や事案の性質に応じて、被害の拡大を防ぐため、被害者の立場を考慮して臨機応変に対応しましょう。」と記載されています。また、「ハラスメントがあったのか、又はハラスメントに該当するか否かの認定に時間を割くのではなく、問題となっている言動が直ちに中止され、良好な就業環境を回復することが優先される必要があることは言うまでもありません。」とも記載されています。相談者の意向や相談者の心身の状態を確認したうえで、必要に応じて、調査段階でも、配置転換等により相談者と行為者の業務上の関わりを極力少なくする措置を講じるべきでしょう。配置転換による分離が難しいときは、相談者と行為者を自宅待機させたり、在宅勤務させたりすることも検討する必要があります。

　また、このような分離のための措置を行わない場合でも、**相談者の承諾を得たうえで、行為者に対して相談者からハラスメントの相談があったことを伝え、調査期間中も、言動に気を配るように注意喚起しておくことが適切です。さらに、トラブルを拡大させないためにも、ハラスメント被害の相談があったことをきっかけに相談者に対して報復的な対応をすることや被害の相談を取り下げるように働きかけるといったことは許されないことを、行為者に注意喚起しておくことが適切です。**裁判例の中には、パワーハラスメントの被害を受けたと主張する大学教員が、大学に対して起こした訴訟の中で、被害申告後に大学が直ちに行為者に指導しなかったことが違法であると主張した例があります。裁判所は、この事案で、大学としてハラスメントにあたるかどうかの調査が必要であったうえ、調査委員会が行為者に相談者への不利益な扱いを禁じる旨を通知していたことを踏まえれば、直ちに

行為者に指導をしていないとしても、大学の対応は違法でないと判断しています（⓭国立大学法人旭川医科大学事件・旭川地方裁判所判決令和5年2月17日）。

カ　調査方法についての相談者の要望に振り回される

　ハラスメント調査の方法について、相談者から事業者に対して要望が出されることがあります。例えば「○○さんからも事情聴取してほしい」などとヒアリングの対象者を追加することを要望されたり、既にヒアリングを終えている関係者に対して再度ヒアリングすることを求められたりする例があります。また、相談者が女性の場合に調査担当者にも女性を入れてほしいと要望されたり、相談者からのヒアリングの際に第三者や支援者の同席を認めてほしいと求められたりする例もあります。

　このような要望のうち、合理性があるものについては、調査の中立・公平を害さない範囲で、事業者として柔軟に対応する姿勢を見せることも必要です。相談者の要望を理由なくすべて拒絶すると、相談者の態度を硬化させる原因となり、円満解決の目標から遠ざかってしまいます。

　一方で、**法的には調査の方法は事業者が判断すべきものであり、事業者が相談者の求めるとおりの調査をしなければならないわけではないことも押さえておくべきでしょう。**8ページでご紹介した❷長崎県ほか（非常勤職員）事件でもこの点が判示されています。調査を開始する段階で、相談者と行為者の双方に対して、調査の方法については事業者の判断により決定する旨を伝えておくことが、後日のトラブルを防ぐことに役立ちます。

6　円満解決のためには適切な相談対応と調査が前提となる　33

退職者からの請求の場合

　では、パワーハラスメント被害の主張が、退職者からの損害賠償請求の中でされている場合はどのように対応すべきでしょうか。結論から言えば、事業者は、この場合も退職者が主張するような事実があったかどうかについて調査を行うべきです。前述のパワハラ防止指針における事実関係の確認義務は、退職者からの被害申告の場面にもあてはまると考えるべきでしょう。

　被害を訴える当事者が既に退職している場合には、在職中の従業員とは異なり、退職者を事業者の会議室に呼び出して直接話を聴くといったことが困難なことも多いです。しかし、そのような場合でも、在職している行為者や同僚など第三者の話を聴くだけでパワーハラスメントの有無を判断することは、被害を訴えている退職者の納得が得られず、不信感をもたれて、紛争が長期化する原因になることが多いです。**退職者からのヒアリングの機会も作り、退職者の言い分もきちんと聴いたうえで対応を決めることが、紛争の円満解決のためにも重要です。**

　ただし、このときのヒアリングの方法については、退職者に対して、最初から電話でヒアリングしようとすると、話が整理されていなかったり、感情的になってしまったりすることも多く、事実関係を正確に把握するうえで適切ではありません。そのため、退職者がパワーハラスメントにあたると考える具体的な言動を書面に整理して申告してもらうことが適切です。例えば、退職者に次ページのような手紙を送るとよいです。退職者に代理人弁護士がいる場合は代理人に送ることになります。

　このとき、退職者がパワーハラスメントと考える行為者の言動を延々と数十枚にわたって申告をしてくることがあります。調査担当者としては業務の効率性も重要であり、このような大量の申告内容をすべて確認することはできません。そのため、調査担当者からあらかじ

め合理的な分量を指定するとよいでしょう。また、事案を長期化させないためには、書面の提出について期限を明示するべきです。

このように、**まずは書面での申告を求めたうえで、その内容を踏まえて、書面の内容を確認するための補足のヒアリングを、対面または電話で行うのがよいでしょう。**

退職者からの被害の主張に対応する際の手紙の記載例

さて、貴殿は、当社在職中に、管理者の●●さんからパワーハラスメントを受けていた旨主張されています。

法律上、パワーハラスメントとは、職場において行われる①優越的な関係を背景とした言動であって、②業務上必要かつ相当な範囲を超えたものにより、③労働者の就業環境が害されるものであり、①から③までの要素をすべて満たすものをいうと定義されています。

貴殿が主張する被害内容をお聞きし、それが法的観点から見てパワーハラスメントにあたるか否かを検討しますので、具体的に、いつごろ、どのような経緯で行われた、誰の、どのような言動が、パワーハラスメントにあたると認識されているのかを、令和●年●月●日までに書面で申告してください。分量はＡ４用紙２枚程度までを限度としてください。

また、当社宛にいただいた手紙の中で、貴殿は、●●さんから言われたことを日々日記に詳細に書き留めており、パワーハラスメントの証拠があると主張されています。その日記の写しも証拠資料として上記期日までに提出してください。その他にも関連する証拠資料があれば、それも確認のうえ判断したいと思いますので、お手持ちの証拠資料の写しを上記期日までにすべて当社宛にお送りください。

必要に応じて外部専門家を活用する

　ハラスメントトラブルを円満に解決するためには、ここまで説明したような調査を適切に行うことで、事業者の対応について、相談者に不信感をもたせないことが重要です。

　もっとも、特に小規模の事業者では、社内の人間関係などから、社内の担当者が調査を行うことが難しい場合も多いです。社内での適切な調査が難しい場合には、弁護士や社会保険労務士などの専門家に調査に関与してもらうことを検討すべきでしょう。弁護士等に調査チームに入ってもらい、弁護士等が直接ヒアリングを行うことで、当事者や関係者に中立・公平な調査が行われていると信頼してもらえることも多いです。

7 パワーハラスメントにあたるかどうかの判断

 判断を誤らないことも重要

　調査により事実関係を確認したら、確認できた事実関係において、行為者の言動がパワーハラスメントにあたるかどうかを、11ページのパワーハラスメントの定義にあてはめて検討します。パワーハラスメントにあたるかどうかの判断が微妙な事案も少なくありませんが、パワーハラスメントのトラブルが訴訟に発展することを回避するためには、ここで判断を誤らないこともポイントの1つです。相談事例の題材となった❷長崎県ほか（非常勤職員）事件の事案では、県は調査の結果、女性職員に対してハラスメントにはあたらないとする判断結果を回答しました。このように、県がハラスメントにはあたらないという判断をしてしまったことが、女性職員が訴訟を起こした原因の1つでしょう。

　一般論として、事業者がハラスメント調査の結果として行うハラスメントにあたるかどうかの判断と、訴訟になった場合の裁判所による判断が食い違うことはあり得ることです。その場合も、事業者の調査方法が不適切であったとか、事業者の判断が明らかに不合理であったといった事情がなければ、裁判所の判断と異なる判断をしたことについて事業者が賠償責任を負うわけではありません。❷長崎県ほか（非常勤職員）事件でも、「使用者のハラスメント調査の結果が、裁判所の判断と異なっていたことをもって、直ちに、職場環境配慮義務に違反し違法であるということはできない」と判示されています。

　しかし、そうはいっても、**訴訟になればパワーハラスメントと認め**

られるような事案について、事業者がパワーハラスメントにはあたらないと判断してしまうと、相談者の納得を得られず、訴訟に発展してしまうリスクが高まります。

 証拠をすべて確認する

　パワーハラスメントかどうかの判断を誤らないためのポイントの1つが、前述した証拠資料の確認です。特に、相談者の主張と行為者の主張が食い違う場面で、相談者に手持ちの証拠資料の提出を求めないまま判断してしまうと、「証拠がなく、行為者が否定している以上、相談者の主張するような事実は認定できない」という判断になりがちです。その後、訴訟になってはじめて相談者の手持ちの証拠資料が証拠提出されると、調査段階での事業者の判断と、裁判所の判断とが食い違う原因になります。調査段階で、相談者に対し、手持ちの証拠資料はすべて提出するように求めることで、このような事態を避けることができます。

　また、相談者が提出した証拠資料を正しく評価することも必要です。例えば、相談者自身がパワーハラスメントについて記録したメモは、パワーハラスメント被害の主張に利用する目的で作成されたものであることが多いです。虚偽の記載をしたり、後から自分にとって都合のよいように修正したりすることも可能です。そのため、信用性が高い証拠とは言えないことが多いでしょう。また、相談者の日記についても、①パワーハラスメントに関する記載のみがされているなど、パワーハラスメント被害の主張に利用する目的で作成されたことがうかがわれる場合や、②日々記載されたものではなく、一定期間分をまとめて記載したことがうかがわれる場合、③鉛筆やパソコンで書かれていて簡単に修正ができる状態の場合、④単に「最近、○○さんのパワーハラスメントがひどい」などと書かれているにすぎず、内容の具体性に乏しい場合、⑤記載されている出来事の日時や問題の言動に至

る経緯が特定されていない場合等は、証拠資料としての価値が低いことが多いです。これに対し、日記がパワーハラスメントについて紛争になる前から継続的に日々記載されており、パワーハラスメント以外の日常に関する事柄も記載されていて、パワーハラスメント被害の主張に利用するためだけに作成されたものでないことがうかがわれるときは、訴訟等になれば、その日記もパワーハラスメントを認定する証拠になり得ると考えるべきです。そのため、**相談者がメモや日記を証拠資料として提出したときは、その内容だけでなく、①それがどのような目的で作成されたものか、②いつ記載されたものかを確認する必要があります。**

　また、相談者と行為者との間で私的なLINE等のメッセージのやりとりがある場合、それを当事者から提出させて確認することが２人の関係性の把握に役立つことがあります。15ページで説明したとおり、相談者と行為者との関係性がどのようなものであったかは、行為者の言動がパワーハラスメントにあたるかどうかの判断にも影響します。ただし、行為者が、記録に残るLINE等のメッセージ上ではパワーハラスメントにあたるような言動をしていなくても、記録が残らない場面でも同様であったと即断するべきではありません。裁判例においても、「一般に、特定の相手に対面で心理的暴力を行う人物が必ずしも当該相手にLINE上で強圧的な態度を取り続けるとは限らない」と判示した例があります（❹東京地方裁判所判決令和２年３月30日）。

③ 弁護士に相談する

　事実関係について相談者の主張と行為者の主張が食い違う場面では、どちらの供述を信用すべきかの判断や、証拠資料の信用性をどのように評価すべきかの判断が必要になります。また、事実関係についての主張に食い違いがない場合でも、パワーハラスメントにあたるかどうかのボーダーライン上の事案では、「業務上必要かつ相当な範囲

7　パワーハラスメントにあたるかどうかの判断　39

を超えた」言動と言えるか、「労働者の就業環境が害される」言動と言えるかについて、判断が困難なケースも多いです。

　そのような場面では、弁護士の意見を聴いて、パワーハラスメントにあたるかどうかの判断をすることが必要です。**弁護士に相談するメリットとして、まず、相談者の主張と行為者の主張が食い違う場面でどのような事実が認定できるかについて、専門的な助言を受けることができます。また、認定できる行為者の言動がパワーハラスメントにあたるかどうかの判断についても、パワハラ防止法やパワハラ防止指針の考え方を踏まえた、専門的な検討をしてもらうことができます。**さらに、パワーハラスメントにあたるかどうかが問題になった裁判例を調査して、自社の事案で仮に訴訟になったときに行為者の言動がパワーハラスメントにあたるという判断になりそうかどうかについても助言を受けることができるでしょう。

8 ハラスメントにあたる可能性が高い場合の円満解決の方法

　ここまで説明した調査の結果、パワーハラスメントにあたる（あるいはあたる可能性が高い）と考えられる事案か、パワーハラスメントにはあたらない（あるいはあたる可能性が低い）と考えられる事案かによって、その後に事業者がとるべき方針が異なります。以下では、まず、調査の結果、パワーハラスメントにあたる、あるいはあたる可能性が高いと考えられる場合に、訴訟を避けて円満解決するための方法を説明します。

⟨1⟩ 被害者が在職中の場合

ア　被害者に寄り添った対応をする

　被害者が在職中の場合、被害者の要望は、金銭の請求というよりも、加害者の異動や加害者に対する注意・懲戒処分などにより職場環境の改善を求めるものであることが多いです。パワーハラスメントにあたる、あるいはあたる可能性が高いと判断した場合は、事業者として被害者に寄り添った対応をすることが基本方針となります。

　担当者から被害者に調査の結果を伝え、事業者がとる措置の内容を説明します。具体的な措置の内容は被害者の意向を聴いたうえで決めることになりますが、**加害者と業務上完全に分離するか、少なくとも業務上の関わりを極力少なくすることを検討すべきです。席替えや配置転換、担当業務の切り分けなどの措置をとることになります。**

　また、加害者にも調査の結果と事業者の判断を伝えたうえで、加害者の言動のどの点に問題があったのかを説明し、同様の問題を起こさ

せないための指導を行います。パワーハラスメントに関する研修を受講させたり、反省文やハラスメント防止についての誓約書の提出を求めたりするといった措置をとることも考えられます。また、パワーハラスメントの内容や程度に応じて、加害者に対し懲戒処分を行います。

　被害者が在職中の場合、被害者がハラスメントにより精神疾患を発症してしまうなどの事情がなければ、上記の措置を適切に講じることで、被害者は一応の満足を得て、トラブルは収束に向かうことが通常です。

イ　被害者が職場環境の問題で休業している場合

　被害者が職場内のハラスメントにより休業を余儀なくされている場合には、上記アで説明したように、加害者と業務上完全に分離するか、少なくとも業務上の関わりを極力少なくする措置を講じたうえで、被害者が安心して職場に復帰できる環境を整え、復帰を実現するための積極的な支援をする必要があります。上司から暴力を伴うパワーハラスメントを受けた被害者が、不安焦燥状態で1か月の自宅療養を要すると診断され、復帰に向けた話合いの場で加害者を他部署に異動させることを求めた事案では、加害者を配置転換しないまま被害者を加害者と同じ部署に復帰させたことは安全配慮義務違反と判断されています（❶国・法務大臣事件・静岡地方裁判所判決令和3年3月5日）。

　そして、**職場内のハラスメントにより就業が困難であったと客観的に認められる期間については、事業者は、被害者に対して、休業中も賃金支払義務を負う可能性が高いです**。これは、民法上、事業者の「責めに帰すべき事由」によって労働者が働けない期間については、事業者は賃金の支払義務を負うためです（民法536条2項第1文）。職場内のハラスメントにより被害者が就業困難な状況であった場合、事業者の「責めに帰すべき事由」にあたることがほとんどでしょう。そのため、**すみやかに被害者が安心して職場に復帰できる環境を整え**

て、復帰を実現するための積極的な支援を行うことで、被害者がハラスメントにより就業困難となっている状況を解消することが必要です。就業困難な状況が解消されるまでの期間については、休業中の給与も支給することが、トラブルの円満解決につながりますし、前述の民法536条2項との関係でも必要になります。

ウ　被害者が精神疾患を発症して休業している場合

　被害者がハラスメントにより精神疾患を発症してしまい、その治療のために一定期間の休業が必要になるようなケースもあります。その場合、上記ア、イで説明した点に加えて、被害者が労災保険の請求をする場合はそのサポートをすることが適切です。また、被害者の休業が長期化する可能性も想定して、被害者に対する経済的な手当を検討する必要があります。

被害者が既に退職している場合

ア　解決金の提示をすることが円満解決の第一歩

　一方、被害者が既に退職している場合は、職場環境の改善を求めるというよりも、慰謝料等の金銭の請求がされることが多くなります。在職中にパワーハラスメントがあったにもかかわらず、被害者からの請求に対して、事業者が何も回答しなかったり、あるいは、金銭を支払う意思はないという回答をしたりしてしまうと、訴訟や労働審判になる可能性が高いです。

　そのため、**被害者から指摘された加害者の言動がパワーハラスメントにあたる可能性が高いとの結論に至ったときは、事業者から被害者に対して解決金の支払いを提示することが必要です**。ただし、必ずしも、被害者が請求している額を満額支払うという回答をする必要はありません。**ここで提示する解決金の額は、被害者の請求額から離れて、過去の裁判例等を参考に、訴訟になれば事業者が支払いを命じら

れることが見込まれる損害賠償の額を試算し、それを基準に決めることが適切です。この点については、弁護士の助言を求めることが必要でしょう。弁護士に相談すれば、パワーハラスメントが認められた過去の裁判例における算定を踏まえたうえで、円満解決のために提示すべき解決金の額を提案してもらえるはずです。どのくらいの額を提示すればよいかわからないからといって、事業者から何も提示しないと、被害者は話合いでの解決は難しいと考えて、訴訟や労働審判を選択することになってしまいます。

　また、パワーハラスメント行為の内容や悪質さの程度にもよりますが、解決金の額を事業者だけで負担するのではなく、その一部を加害者本人に負担させることも検討に値するでしょう。

イ　被害者の請求が著しく過大な場合は反論が必要

㋐　事業者から反論を加えることで被害者の期待値を下げる

　事業者の判断としてパワーハラスメントにあたる可能性が高いとの結論ではあるものの、被害者の請求額が、訴訟になれば支払いを命じられることが見込まれる賠償額と比べて著しく過大であるというケースもあります。例えば、訴訟になればせいぜい30万円程度の賠償額しか見込まれないのに、被害者からの請求額は数百万円といったケースです。この場合、事業者側から訴訟での見込み額を基準に解決金の支払いを提示するだけでは、被害者が考えている額とのへだたりが大きく、合意に達しない可能性があります。そのような危険がある場合は、事業者側から、被害者の請求に対して、いったん全面的な反論を加えることで、訴訟をしても被害者が請求するような金額は認められないことを被害者に理解させるステップを踏むことが必要です。このような反論により、被害者の期待値を下げたうえで事業者から解決金を提示することで、訴訟になった場合の見込み額と同程度の適正な額での解決を目指す必要があります。

(イ)　具体的な反論の内容

　具体的な反論は個別の事案に即して検討する必要がありますが、例えば、以下のような反論が考えられます。

　①「パワーハラスメントにはあたらない」という反論

　事業者としてパワーハラスメントにあたる可能性が高いという判断ではあるものの、訴訟においてパワーハラスメントにはあたらないと判断される可能性もあるというボーダーライン上の事案では、「パワーハラスメントにはあたらない」という反論をすべきでしょう。訴訟を提起してもパワーハラスメントにはあたらないと判断されて敗訴する可能性もあることを被害者に意識させることが、被害者の期待値を下げることにつながります。ただし、パワーハラスメントにあたることが明らかな事案については、このような反論をすることは不誠実であり、適切ではありません。

　②「被害者の精神疾患はパワーハラスメントが原因ではない」という反論

　次に、パワーハラスメントとその後の精神疾患の発症や休業との因果関係についての反論が考えられます。パワーハラスメントの被害者からの請求が高額化するケースの典型例は、「パワーハラスメントが原因で精神疾患を発症し、治療・休業を余儀なくされた」という主張がされるケースです。この場合、パワーハラスメント行為そのものによる精神的苦痛だけでなく、その後の精神疾患の発症による精神的苦痛も踏まえた慰謝料が請求されることになります。さらに、精神疾患に関する治療費や精神疾患により働けず賃金を得られなかったことに関する休業損害等も請求に加えられることになります。その結果、請求額が高額化することになるのです。そして、このようなケースでは、**被害者から、請求の根拠として、パワーハラスメントが原因で精神疾患を発症したという内容の記載がされた医師の診断書が提出されることもあります。しかし、そのような診断書の記載は結局のところ被害者の訴えに基づくものです。そのため、そのような診断書があっ**

8　ハラスメントにあたる可能性が高い場合の円満解決の方法　45

ても、以下のⅰ、ⅱ、ⅲで示すような反論を加え、精神疾患の発症や休業はパワーハラスメントを原因とするものではないと主張することは可能です。

ⅰ　パワーハラスメントの程度が軽微であるという反論

まず、「パワーハラスメントにあたるとしても、精神疾患を発症させるほど強度のものではない」という反論を検討する必要があります。例えば、8ページの❷長崎県ほか（非常勤職員）事件では、被害を訴えた女性職員はハラスメントにより適応障害を発症して働けなかったとして、訴訟において県に対して500万円を超える請求をしました。これについて、裁判所は、パワーハラスメントがあったことは認めたものの、女性職員の適応障害はパワーハラスメントが原因で発症したものとは認められないと判断しました。その結果、裁判所は、女性職員の請求のうち、パワーハラスメント行為による精神的苦痛についての慰謝料30万円と弁護士費用相当損害金3万円、その他遅延損害金のみを認めています。この事案でパワーハラスメントと判断された言動は、メモをとることを禁止した点と、被害者から退職の意向を示された際に「俺の何が気に食わないのか」「逃げるのか」「俺に対して失礼だと思わないのか」と叱責した点の2点です。これだけでは、通常、精神疾患を発症させるほどの強度のストレスを与えるものではなく、裁判所の判断は当然の結果と言えるでしょう。

このように、「パワーハラスメントの強度」に着目して、精神疾患を発症させるような強度のパワーハラスメントではないと反論する際に参考になるのが、精神疾患に関する厚生労働省の労災認定の基準です。この基準は「心理的負荷による精神障害の労災認定基準」としてインターネットでも公開されています。**厚生労働省がこの基準において、パワーハラスメントのみで精神疾患の発症との因果関係が認められる例として挙げているのは、「治療を要する程度の暴行等の身体的攻撃」、「反復・継続する執拗な身体的または精神**

46　第1章　ハラスメントトラブルの円満解決

的攻撃」、「事業者に相談してもまたは事業者がパワーハラスメント
を把握していても適切な対応がなく、改善されなかった場合」で
す。この程度に至らないパワーハラスメント（例えば、精神的攻撃
にあたる暴言があっても、反覆・継続する執拗なものではない場合
など）は、少なくともパワーハラスメントのみで精神疾患を発症さ
せるほどのストレスを被害者に与えるものとは言えません。した
がって、仮に被害者が精神疾患を発症したとしても、それはパワー
ハラスメントとは別の原因によるものであると、事業者側から反論
することになるでしょう。

ii　発症時期が整合しないという反論

　また、「パワーハラスメントがあった時期と精神疾患の発症時期
が整合しない」という反論も考えられます。精神疾患の発症時期が
パワーハラスメントがあった時期よりも前であったり、逆にパワー
ハラスメントがあった時期から相当期間経過した後であったりする
場合は、その精神疾患はパワーハラスメントとは別の原因によるも
のだと考えることが自然です。この反論を検討するためには、被害
者に主治医のカルテのコピーを提出するように求めて、カルテの記
載によって発症時期等を確認することが適切です。

iii　パワーハラスメント以外の原因があるという反論

　さらに、「精神疾患の発症の原因が業務以外にある」という反論
も考えられます。精神疾患は、パワーハラスメント以外にも、離婚
や病気、交通事故、妊娠・出産、家族やペットの死亡、犯罪や災害
の被害に遭ったこと等様々な発症原因が考えられます。被害者に主
治医のカルテのコピーを提出するように求めて、業務以外の発症原
因がなかったかをカルテの記載をもとに検証して反論することも必
要になります。

8　ハラスメントにあたる可能性が高い場合の円満解決の方法　47

㈡　有効な反論のためには弁護士への依頼が必要

　このように、被害者の請求が著しく過大であり、事業者からの解決金の提示の前に、まず事業者から反論を加えることが必要になるケースでは、事業者は弁護士に依頼して対応することが通常でしょう。その場合の具体的な交渉の進め方は、第3章「未払い残業代トラブルの円満解決」で解説をしている未払い残業代トラブルの交渉の進め方と共通しますので、第3章もあわせて参照してください。

9 ハラスメントにあたる可能性が低い場合の円満解決の方法

　では、調査の結果、パワーハラスメントにはあたらない、あるいはあたる可能性が低いと考えられる事案では、事業者はどのような方針で対応すべきでしょうか。この場合、事業者は、相談者に対して、パワーハラスメントにはあたらないという判断の結論と理由を説明することになります。そして、その説明の仕方は、相談者が在職中の場合と、相談者が既に退職している場合とで異なります。以下で順番に見ていきましょう。

 相談者が在職中の場合

ア　丁寧な説明を行う

　相談者が在職中の場合は、相談者は今後も一緒に仕事をしていく仲間です。事業者にパワーハラスメントであると認めてもらえなかったことにより、相談者が反発して、事業者と対立する関係になってしまうような事態は可能な限り回避する必要があります。また、相談者の申告が結果的にパワーハラスメントだと認められなかったことによって、相談者が職場に居づらくなるようなことがあっては、今後、相談窓口に相談しようとする人がいなくなってしまいます。

　相談者は、なぜパワーハラスメントにあたると認めてもらえないのかについて納得ができなければ、納得できる回答を得るために、弁護士など外部の専門家に相談することを検討するかもしれません。他方で、相談者がパワーハラスメントにはあたらないという結論には満足できなくても、自分の相談について事業者が真摯に対応したことや、

法的な観点から見ればパワーハラスメントにはあたらないらしいということについて、一定程度理解することができれば、その後に深刻な紛争に発展するリスクは小さくなります。

　よって、この場合に事業者のとるべき方針は、法的な観点からはパワーハラスメントにはあたらないことの理由を丁寧に説明して、相談者に理解を求めることです。具体的な方法としては、まずは、相談者に対して、11ページで解説した職場におけるパワーハラスメントの定義の３つの要素を説明することが必要です。**相談者に十分な知識がない可能性もあることを踏まえて、パワハラ防止指針におけるパワーハラスメントの定義を相談者に説明する必要があります。そのうえで、相談の事案では、３つの要素のどの部分が、どのような理由から充足しないと判断されるのかを説明することが基本になります。**また、相談の事案と類似する事案についてパワーハラスメントにはあたらないと判断した裁判例があるのであれば、それを相談者に示して、裁判所の判断基準では、相談の事案はパワーハラスメントにはあたらない旨を説明することが考えられるでしょう。さらに、裁判例でパワーハラスメントにあたると判断された事案と相談の事案とを比較して示し、結論を分けるポイントがどのような点にあるかを説明することも考えられます。**相談者の心情に理解を示しつつ、あくまで法的な観点からはパワーハラスメントとは言えないということを丁寧に説明することが大切です。**

イ　パワーハラスメントにはあたらないという結論でも相談者に納得感を与える

　パワーハラスメントにはあたらないと考えられる事案であっても、相談者の言い分や心情に理解できる部分があるときは、パワーハラスメントにはあたらないという結論を伝えつつも、何らかの方法で相談者に納得感を与える対応をすることが、円満解決につながります。

㈠ 行為者に対して一定の指導をする

例えば、15ページで紹介した、医師が手術中に研修医に対し、「バカ、お前」「何やってんだよ」「何で出来ねえんだよ」などと叱責した事案（❺医療法人社団誠馨会事件）では、医師の言動は違法ではないという判断がされているものの、このような言動が不適切なことは明らかでしょう。このように、「パワーハラスメントとまでは言えないものの不適切な言動である」というケースはたくさんあります。そうであれば、この裁判の事案で言えば、行為者である医師に対して、そのような言動は不適切であるから控えるように指導することが適切です。そのうえで、被害を訴えた研修医には、事業者から、本件は**法的にはパワーハラスメントとは言えないことを伝えつつも、行為者に対しても指導方法を改善するように注意をした旨を説明して、相談者に一定の納得感を与えることが、円満解決につながります。**さらに、可能であれば、トラブルの再発を防ぐために、被害を訴えた研修医と行為者とを業務上分離することも検討すべきでしょう。

行為者が相談者の上司である場合は、上司として相談者も含む部下に能力を発揮させ成果につなげることが求められており、部下に受け入れられやすい指導方法を身に付けることも必要です。法的にパワーハラスメントにはあたらなければそれでよいわけではありません。パワーハラスメントにはあたらないという判断になった場合でも、事業者がきちんと調査をし、不適切な言動があった行為者に注意指導を行ったことを相談者に示すことで、相談者も納得し、円満に解決できることは多いです。

㈡ 行為者と業務を分離してほしいという希望を聞き入れる

また、相談者から、行為者との業務上の接点をなくしてほしいといった要望があり、相談者の言い分や心情に理解できる部分があるときは、事業者としてパワーハラスメントにはあたらないと考える事案であっても、できる限り対応することが相談者に納得感を与えます。

9　ハラスメントにあたる可能性が低い場合の円満解決の方法　51

8ページの❷長崎県ほか（非常勤職員）事件では、被害を訴えた女性職員は、県に対して、男性医師と席を離すことや男性医師からのみ業務上の指示を受ける状況を改善することを求めていました。このような要望は、パワーハラスメントにはあたらないという判断をした場合であっても、聞き入れる余地のある要望です。裁判例の事案における事情の詳細はわかりませんが、可能な範囲で女性職員の要望に迅速に応じていれば訴訟に発展することまでは避けられた可能性が高いとも考えられます。

㈡　事業者として改善に取り組む姿勢を伝える

　事業者として改善に取り組む姿勢を相談者に示すことで、相談者の納得を得ることができる例もあります。例えば、新入社員から「先輩のＡさんから言われた方法で対応したら、別の先輩であるＢさんから対応が誤っているとして厳しく叱られた」といった相談を受けた場合を考えてみましょう。このような場面では、①Ｂの叱責が適切だったかという問題とは別に、②事業者として新入社員に対する指導を誰がどのように行うかが明確にされておらず、指導が行き当たりばったりになっているという問題や、③そもそも社内における業務手順が従業員間で統一されていないという問題があることがうかがえます。①は基本的には行為者の問題ですが、②③は事業者の問題です。そうであれば、Ｂの叱責がパワーハラスメントにはあたらないという判断になったときでも、事業者として新入社員に対する指導方法を明確にしたり、指導内容や業務手順を統一するための業務マニュアルを作成したりするなどの再発防止策に取り組む姿勢を相談者に示すことで、相談者の納得を得ることが考えられます。

　また、**相談者が行為者による謝罪を求める場合に、行為者からの謝罪を実現することが難しいときでも、職場の管理者としてお詫びを表明することで相談者の納得が得られる例もあります。**例えば、管理者から以下のように伝えて対応することが考えられます。

> **・職場の管理者としてお詫びを表明する際の文例**

　　○○さん、今回はハラスメントについて相談をしてくれてありがとうございました。慎重に検討しましたが、今回のBさんによる叱責は厳しい口調であったものの、長時間にわたるものではなく、また侮辱的な表現を使ったとも言えないため、法的な意味でのパワーハラスメントにはあたらないという判断になりました。

　　もっとも、再発防止策として、今後も相手を尊重する言動を行うよう指導するとともに、経験の浅い従業員に対する指示が人によって異なることがないようにマニュアルの整備の取組みを行っていきます。ハラスメントにはあたらないことから会社からBさんに謝罪するように指導することはできませんが、この職場を預かる管理者として、職場内の指示が人によって異なったことで、○○さんにつらい思いをさせてしまったことをお詫びします。

　このように、パワーハラスメントにはあたらないという判断であっても、①行為者に対して一定の指導をしたことを説明する、②相談者の希望のうち実現可能なものだけでも対応する、③事業者として改善すべき点がある場合は改善の姿勢を示すといった方法を検討するとよいでしょう。

ウ　メモに整理して説明する

　パワーハラスメントにはあたらないという判断の理由を在職中の相談者に説明する際は、事前に説明する内容をメモに整理し、メモをもとに口頭で説明するのがよいです。メモを作成することには、本当に目の前の事案についてパワーハラスメントにはあたらないという結論が正しいかどうかを再確認する意味もあります。また、相談者にとってわかりやすい説明となっているかどうかをチェックすることにも役立ちます。

　作成するメモは、例えば、以下のようなものが考えられます。ぜひ

9　ハラスメントにあたる可能性が低い場合の円満解決の方法　　53

相談者に説明をする前にやってみてください。なお、メモを相談者に
交付することについては、それが相談者から他に交付送信されたり、
SNS上にアップロードされたりするといった危険もないとは言えない
ため、慎重な検討が必要です。

・ハラスメントにはあたらないことの説明のメモの例

(1)　先日はハラスメント相談窓口への相談をありがとうございま
した。相談内容について、行為者と関係者にヒアリングを実施
し、会社として調査を行いました。その結果、〇月〇日に、課
長が、あなたのロッカーに「節度のない休暇申請を出さないよ
うに」と記載したメモを貼ったという点は、あなたの言うとお
りであることを確認しました。また、これは、あなたが〇月〇
日に自らリーダー職を辞退した直後に、翌週について3日連続
の有給休暇の取得届を提出したことを受けて行われたものであ
ることを確認しました。そして、課長が、課のメンバーに対し
て、連続して有給休暇を取得する場合は、他のメンバーと事前
に調整したうえで取得届を出すように日頃から要請していたこ
とも確認しました。

(2)　そこでこの課長の指導がパワーハラスメントにあたるかどう
かを検討しました。厚生労働省のパワハラ防止指針では、パ
ワーハラスメントとは、職場において行われる①優越的な関係
を背景とした言動であって、②業務上必要かつ相当な範囲を超
えたものにより、③その雇用する労働者の就業環境が害される
ものをいい、①から③までの要素をすべて満たすものをいうと
されています。今回の場合、特に「業務上必要かつ相当な範囲
を超えたもの」と言えるかどうかが問題になります。この点に
ついての判断は、言動の目的や、言動が行われた経緯・状況、
言動の態様・頻度・継続性等を総合的に考慮して判断すること
が、パワハラ防止指針で定められています。

54　第1章　ハラスメントトラブルの円満解決

(3) 本件については会社の顧問弁護士にも相談して検討しましたが、法的にはパワーハラスメントにはあたらないという判断になりました。その理由として、今回の有給休暇取得届は、課内の他のメンバーとの事前の調整をせずに出されています。このような休暇の取り方は会社の業務への影響や他のメンバーの負担への配慮に欠ける点があると思われ、課長の指導はこの点についてあなたに理解を求める趣旨で行われたものと考えられます。会社としてもこのような指導をすること自体は適切であると考えています。また、指導の方法は、「節度のない休暇申請を出さないように」と記載したメモをあなたのロッカーに貼ったというものです。「節度のない」とは、「配慮のない」「礼儀をわきまえない」という意味であり、侮辱的な表現とは言えません。そして、裁判例においても、有給休暇について他の社員と調整して不公平にならないように取得することを要請していたにもかかわらず、そのような調整をせずに休日と連続する形での取得を繰り返した従業員に対し、取締役が強い語調で非難したという事案について、パワーハラスメントにはあたらないと判断した例がありました（❶東京裁判所判決平成28年3月17日）。

(4) 以上からすると、相談の件は、法律上はパワーハラスメントにはあたりません。ただし、他の従業員も目にすることがあるロッカーにメモを貼り付けたことについては、適切とは言えない面もあったと思います。課長には、私から、この点を伝え、指導の仕方について今後改善をするようにお願いしました。

エ　再発防止措置を講じる

　パワーハラスメントの相談があった場合は、調査の結果、パワーハラスメントにはあたらないと考えられるときであっても、再発防止に向けた措置を講ずることが事業者に義務付けられています（パワハラ

防止指針 4 (3)ニ)。例えば、事業者としてパワーハラスメントを行ってはならない旨の方針やパワーハラスメントについて厳正に対処する方針を、社内報、パンフレット、社内ホームページ等で改めて周知したり、パワーハラスメント防止のための研修を改めて実施したりするなどの取組みを行うことが適切です。

オ　書面での説明や調査報告書の開示を要求された場合の対応

　相談者がパワーハラスメントにはあたらないという説明に納得せず、事業者や調査担当者に対して、書面での説明や、調査の結果をまとめた調査報告書の開示を求めることもあります。

　しかし、そのような要望は、原則として断るべきでしょう。裁判例においても、**事業者が行ったハラスメントの調査について、事業者が調査結果や判断過程の文書での開示、あるいは調査報告書の閲覧等の要望に応じる法的義務はないとされています**（前掲⓭国立大学法人旭川医科大学事件、⓱サントリーホールディングスほか事件・東京地方裁判所判決平成26年7月31日等）。特に調査報告書には、相談者・行為者以外の第三者からのヒアリングの結果等も記載されることがあります。これを相談者に開示してしまうと、ヒアリングに協力する第三者は自分に対するヒアリング結果が相談者に開示されることを意識しながらヒアリングに対応せざるを得なくなります。これでは、第三者からの協力を得ることができなくなり、ハラスメント調査に支障が生じるおそれがあります。書面での説明や調査報告書の開示に応じるのではなく、49ページ①ア、イで説明したようなそれ以外の部分で相談者に寄り添った対応をすることで、円満解決を目指すべきでしょう。

カ　相談者が休業している場合

　相談者が在職中であっても、ハラスメントの存在や精神疾患の発症を理由に休業している場合は、事業者と相談者の心理的な距離が遠くなりつつある状態です。相談者が退職を検討しているケースも多いでしょう。

このような場面で、相談者が休業しているからといって、パワーハラスメントは認められなかったという結果のみを簡単に伝えるという対応をしてしまうと、相談者が納得せず、紛争が長期化するきっかけを作ってしまうことがあります。

　休業している従業員とは連絡をとりにくいことも多いですが、それでも実際に会って、判断の理由について丁寧に説明することや、パワーハラスメントにはあたらなくても相談者に寄り添った対応をすることを意識する必要があります。 8ページの❷長崎県ほか（非常勤職員）事件の事案では、被害を訴えた女性職員は、県にハラスメント被害の相談をした後、いったんは提出した退職届を保留にするよう県に要望し、ハラスメントにより適応障害を発症したとして休職しています。そして、判決では、県は、この休職中に、この女性職員の代理人となっていた女性職員の弟を通じて、ハラスメントにはあたらないとする県の判断結果を女性職員に伝えたと認定されています。判決文からはすべての事情がわかるわけではありませんが、県としてパワーハラスメントにはあたらないという判断をしたとしても、女性職員に直接丁寧に説明し、その心情に寄り添った対応をすれば、訴訟にまで発展することを避けられた可能性もあったのではないかと考えられます。

❷ 退職者からの金銭請求の場合

ア　法的観点からの反論を行う

　一方、ハラスメントの被害を訴えている従業員が既に退職している場合は、退職者は一緒に働く仲間ではありません。また、退職者は、通常、金銭による解決を求めているのであって、職場環境の改善が主要な要望ではないことが多いでしょう。これらの点を踏まえると、**退職者が在職中にパワーハラスメントを受けたと主張して損害賠償を請求している場面で、事業者としてパワーハラスメントにあたる可能性**

は低いと判断した場合にとるべき方針は、**事業者から退職者に対して**
パワーハラスメントにはあたらない旨の反論をすることです。11ペー
ジで説明したパワーハラスメントの定義の３つの要素に照らして、ど
の要素について、どのような理由で充足しないと判断されるのかを、
事案に即して書面で説明することが適切です。法的な観点からしっか
り反論することによって、退職者に、訴訟を起こしてもパワーハラス
メントがあったとは認められないことを理解させ、金銭請求をあきら
めさせることを目指すことになります。

イ　他の請求もあるときはセットで交渉・解決する

㋐　退職者の本音を見極める

　退職者から在職中のパワーハラスメントの被害の主張がされる場面
では、パワーハラスメントを理由とする損害賠償請求だけがされる
ケースのほか、残業代請求や不当解雇の主張とあわせてパワーハラス
メントを理由とする損害賠償請求がされるケースも多いです。

　後者のようなケースに対応するときは、複数の請求がある中で、退
職者が本音として何を求めているかを見極めなければなりません。個
別の事案ごとの見極めが必要ですが、残業代請求や不当解雇の主張と
あわせてパワーハラスメントを理由とする損害賠償請求がされている
ということは、つまり、「私は在職中にこんなにひどい扱いを受けて
つらい思いをしたのだから、そのことも加味して金銭を払って欲し
い」という趣旨であることも多いです。

　そうであるとすると、**事業者側から金銭を支払うべきかどうかの判**
断も、パワーハラスメントにあたるかどうかだけではなく、それとあ
わせて主張されている残業代請求や不当解雇の主張とセットで検討す
るべき問題です。例えば、事業者としてパワーハラスメントにはあた
らないと判断した場合でも、あわせて請求されている残業代について
は訴訟になればいくらか認められそうだというときは、訴訟になる前
に交渉をして事業者から一定の金銭を支払って解決してしまうことが

58　第1章　ハラスメントトラブルの円満解決

合理的です。

　その場合、**退職者の請求に対して、事業者側から解決金の提示をすることが、訴訟を回避して円満に解決するための第一歩となります。**ここで退職者からの請求に対して何も対応せずに放置したり、無理な理屈をつけて請求に応じる意思がないことを回答したりすると、退職者としては訴訟や労働審判を起こすほかなくなってしまいます。

㈣　退職者の請求が著しく過大な場合は反論が必要

　ただし、退職者による請求額が、訴訟になった場合に事業者が支払いを命じられるであろう見込み額と比較して、それとかけはなれた過大な額になっているということも少なくありません。そのような場合に、事業者において、訴訟になった場合に事業者が支払いを命じられるであろう見込み額を基準に解決金を検討して、退職者に提示したとしても、退職者の請求額からかけ離れているため、合意に至らないおそれがあります。そのようなケースでの交渉の進め方としては、まずは、パワーハラスメントを理由とする損害賠償請求と残業代請求のそれぞれについて、事業者側から全面的な反論を加えるステップを踏むことが必要です。そうすることで、退職者に、訴訟をしても退職者が請求するような金額は認められないことを理解させることが大切です。このようにして退職者の期待値を下げたうえで、パワーハラスメントと残業代とをひっくるめて、端数のない丸い金額の解決金を提示することで、訴訟になった場合の見込み額と同程度の適正な額での解決を目指す必要があります。退職者からパワーハラスメントを理由とする損害賠償請求と残業代請求とがあわせてされた場合の交渉の基本的な進め方をまとめると次ページのとおりになります。より具体的な進め方は、第3章「未払い残業代トラブルの円満解決」の未払い残業代トラブルの交渉の進め方について説明する内容と共通しますので、第3章もあわせて参照してください。

9　ハラスメントにあたる可能性が低い場合の円満解決の方法　59

> **退職者からパワーハラスメントを理由とする損害賠償請求と残業代請求があわせてされた場合の交渉の基本的な進め方**

① 退職者に対し、パワーハラスメントの主張・残業代請求の主張のそれぞれについて、退職者の手持ちの証拠資料の開示を求めて、訴訟になった場合に退職者の主張が認められる可能性の程度を正しく把握する。

⬇

② 退職者の請求額が過大なものであるときは、事業者側から、退職者の請求に対して、全面的に反論する。

⬇

③ ②の反論に対する退職者からの再反論も踏まえて、「訴訟になればどのくらいの金額の支払いを命じられそうか」を最終検討する。

⬇

④ ③での検討を踏まえて、事業者として最終の解決案を決め、パワーハラスメントを理由とする損害賠償請求と残業代請求を区別せずに、両請求の合計として、事業者として提示する解決金を端数のない丸い数字で示す。解決金の根拠や計算式は示さずに総額のみを提示する。

⬇

⑤ 退職者と合意に至れば、合意書を作成して解決金を支払う。

10 円満解決のために日頃から取り組むべきこと

 ハラスメントの相談に対応するために必要な体制の整備

　ここまでハラスメントトラブルを訴訟に発展させずに円満に解決する方法について解説しました。実際にハラスメントトラブルの解決に取り組んで感じることは、ハラスメント相談窓口があらかじめ適切に整備されている事業者においては、必要に応じて弁護士のサポートを受けながら対応することで、ほとんどのハラスメントトラブルを円満に解決することができるということです。一方、ハラスメント相談窓口が適切に整備されてない事業者においては、事業者が正当な理由なく行為者をかばおうとするなど、公平性を欠く対応をしてしまい、相談者に不信感をもたれて、訴訟に至ってしまうことも多いと感じます。その意味では、**ハラスメント相談窓口をあらかじめ適切に整備しておくことが、ハラスメントトラブルを円満に解決するための重要なポイントの1つだと言えるでしょう。**そこで、この点についても触れておきたいと思います。

ア　パワハラ防止指針で求められる措置の内容

　パワハラ防止指針は、事業者が講ずべき措置の内容として、労働者からのハラスメントの相談・苦情に対して、適切かつ柔軟に対応するために必要な体制の整備を挙げています（パワハラ防止指針4(2)）。これは、すべての事業者を対象とする法律上の義務です。

　具体的には、以下の点が重要です。

■相談対応体制の整備

① ハラスメント相談窓口を設置し、労働者に周知すること
② 相談窓口の担当者が、相談に対し、適切に対応できるように準備すること
③ 相談への対応や相談後の対応にあたって、相談者・行為者等のプライバシーを保護するために必要な措置を講じ、労働者に周知すること
④ 相談をしたことや事業者による事実関係の確認等に協力したこと等によって不利益な取扱いをされないことを定め、労働者に周知・啓発すること

イ 相談窓口の設置と周知

　上記のうち、①については、ハラスメントに関する相談窓口を設置し、相談の方法や相談があった場合の手続きの流れを明確にして、従業員に周知します。そのためには、相談に対応する担当者を決めることが必要です。相談者から見て、相談窓口の担当者が、相談に適切に対応してくれると信頼のできる人でなければ、せっかく相談窓口を設置したとしても機能しません。社内で適切な人員を配置できない場合は、法律事務所など外部の機関に相談への対応を委託することを検討する必要があります。

　また、相談の方法は、相談者が相談しやすいように、面談による相談だけではなく、電話による相談やメールによる相談など、複数の方法での相談を受け付けることが適切です。面談による相談については、相談者のプライバシーを確保できるように、場所や時間帯などに配慮することも必要になります。相談のしやすさを確保するためには、匿名での相談にも対応することが適切でしょう。

　相談があった場合の手続きの流れについても、あらかじめ定めて周知することが適切です。手続きがあらかじめ定められていることで、従業員が相談を検討したときに、その後どのように手続きが進んでい

くのかが事前にわかり、安心して相談することが可能になります。

　次に、上記②については、24ページで説明した相談受付票とマニュアルの準備のほか、相談窓口担当者と人事部門の連携の仕組みを作ることや相談窓口担当者に対する研修の実施を検討すべきです。

　そして、上記③④については、相談窓口を周知する際にもあわせて周知するとよいでしょう。次ページの周知例（**書式2**）を参考にしてください。

　なお、パワーハラスメントは、セクシュアルハラスメント等の他のハラスメントと複合的に生じることも多いです。そのため、パワハラ防止指針では、他のハラスメントの相談窓口と一体的に相談窓口を設置し、一元的に相談に応じることのできる体制を整備することが望ましいとされています（パワハラ防止指針5(1)）。また、他の事業主が雇用する労働者等からのパワーハラスメントや顧客等からの著しい迷惑行為についても、労働者からの相談に応じ、適切に対応するために必要な体制の整備をすることが望ましいとされています（パワハラ防止指針7(1)）。そこで、**書式2**の周知例では、これらの相談についてもあわせて対応する相談窓口を設置する内容としています。

10　円満解決のために日頃から取り組むべきこと　63

■書式2　ハラスメント相談窓口の周知例

相談窓口設置のお知らせ

従業員各位

　当社では、職場におけるハラスメントの相談を受け付けるための相談窓口を下記のとおり設置しました。パワーハラスメント、セクシュアルハラスメント、妊娠・出産・育児休業・介護休業等に関するハラスメント等について相談が可能です。また、取引先等からのパワーハラスメントや顧客等からの著しい迷惑行為についても相談が可能です。ハラスメントを受けた方、見た方は、そのままにせず、下記窓口に相談してください。

1　　相談窓口
社内相談窓口、社外相談窓口のどちらでも相談が可能です。
(1)　社内相談窓口
本社（○○ビル○階）　内線○○○○　メールアドレス●●●@●●●●
相談担当者　○○○○
電話受付時間　午前○○時○○分～午後○○時○○分
(2)　社外相談窓口
○○○法律事務所　電話番号○○○○　メールアドレス●●●@●●●●
相談担当者　○○○○
電話受付時間　午前○○時○○分～午後○○時○○分

2　　相談の方法
・電話、電子メール、Web面談、対面面談のいずれか相談者が
　希望する方法で相談が可能です。社外相談窓口への相談の際
　は、まず当社の従業員であることを伝えてください。

64　第1章　ハラスメントトラブルの円満解決

・電話、電子メール等による場合は匿名での相談も可能です。た
だし、その場合でも相談後の連絡のために電話番号または電子
メールアドレスを確認しています。

3　相談者の保護等
・相談者のプライバシーは守ります。事前に相談者の承諾がない
限り、行為者（加害者）を含む第三者に相談内容を伝えること
はありません。
・ハラスメントの相談をしたこと、事実関係の確認に協力をした
ことを理由に不利益な取扱いがされることはありません。

4　相談から解決までの流れ
　職場におけるハラスメントについて相談を受けた場合は、相談
窓口の担当者または人事部の担当者が、相談者および行為者の双
方から事実確認を行います。ハラスメントが確認できた場合は、
必要に応じて相談者と行為者を引き離すための配置転換、その他
相談者に対する配慮のための措置を講じます。また、必要に応じ
て行為者に対する懲戒処分その他の措置を講じます。
　取引先等からのパワーハラスメントや顧客等からの著しい迷惑
行為について相談を受けた場合は、相談者から事実関係を確認
し、ハラスメントや迷惑行為が確認できた場合は、必要に応じて
相談者に対する配慮のための措置を講じます。

10　円満解決のために日頃から取り組むべきこと　65

相談窓口の整備以外に日頃から取り組むべきこと

　パワハラ防止指針は、事業者が日頃から講ずべき措置の内容として、相談窓口の整備のほかにも、以下の点を挙げています（パワハラ防止指針4⑴イ、ロ）。

・職場におけるパワーハラスメントの内容及び職場におけるパワーハラスメントを行ってはならない旨の方針を明確化し、管理監督者を含む労働者に周知・啓発すること。
・職場におけるパワーハラスメントについて、行為者に厳正に対処する旨の方針及び対処の内容を就業規則その他の職場における服務規律等を定めた文書に規定し、管理監督者を含む労働者に周知・啓発すること。

　また、コミュニケーションの活性化や円滑化のために研修等の必要な取組みを行うことや、適正な業務目標の設定等の職場環境の改善のための取組みを行うことが望ましいとされています（パワハラ防止指針5⑵イ、ロ）。相談窓口の整備とあわせて、これらの点にも取り組むべきでしょう。

　筆者も、従業員と毎月面談するなどして職場におけるコミュニケーションの量を増やすことが、ハラスメントの早期発見・迅速な解決につながることを実感しています。従業員との信頼関係を築くための面談は、最近では1on1ミーティングなどと呼ばれます。この1on1ミーティングの中で、例えば、従業員が苦労している案件があればその案件の進捗状況やどの部分で苦労しているのかを聞き、対応策を検討します。新しい従業員が入社してきて、その指導をお願いしている場合であれば、従業員が指導で困っていることがないかを聞きます。残業時間が増加している従業員がいれば、その理由を確認し、業務量の調整や対応策を検討します。やる気が見られず、他の従業員のモチベーションを下げている従業員がいれば、その原因を考えます。普段

から定期的にコミュニケーションをとることで、従業員の希望や悩み・課題などを自然と聞き取ることができるようになります。また、あらかじめこうした時間を用意しておくことで、従業員が何か相談したいことがあったときに、１on１ミーティングの時間を利用して、相談がしやすくなります。

　従業員数20名以下の事業者においては社長自らが従業員全員と１on１ミーティングを実施することが望ましいです。それ以上の規模の事業者においては、社長１人での対応は難しくなります。その場合は、社長は各部門のリーダーに対して１on１ミーティングを実施し、各部門のリーダーが各部門のメンバーに１on１ミーティングを実施するなどの方法を検討するのがよいでしょう。

11 まとめ

　最後に、本章で説明したことをまとめたいと思います。ハラスメントトラブルを円満に解決するためには、まず、ハラスメントの相談に適切に対応し、事実関係の調査を行うことが必要です。「迅速・正確」と「中立・公平」を意識して対応し、相談者に不信感をいだかせないことが大切です。

　そのうえで、ハラスメントにあたる可能性が高いと考えた場合で、被害者が在職中のときは、被害者の求める職場環境の改善をすみやかに行うことが円満解決のための道筋です。被害者が休業を余儀なくされている場合は、これとあわせて、休業中の給与の支給や被害者の復帰を実現するための積極的な支援を行う必要があります。これに対し、被害者が既に退職しているときは、解決金を提示することが円満解決の第一歩になります。被害者の請求が過大なときは、解決金の提示の前に、事業者側の立場からの反論をしっかりと行うことが重要です。

　一方、調査の結果、ハラスメントにあたる可能性が低いと考えた場合で、相談者が在職中のときは、事業者としての判断の理由を丁寧に説明しつつ、相談者に何らかの納得感を与える対応をすることが円満解決のコツです。パワーハラスメントにはあたらないという判断であっても、①行為者に対して一定の指導をしたことを相談者に説明する、②相談者の希望のうち実現可能なものだけでも対応する、③事業者として改善すべき点がある場合は改善する姿勢を示すといった方法を検討するとよいでしょう。これに対し、被害を訴えている従業員が既に退職している場合は、事業者側から、ハラスメントにはあたらないという主張を書面で十分に行うことで、退職者に請求を断念させる

ことが基本路線となります。ただし、残業代請求や不当解雇の主張が
あわせてされているときは、それらの請求とまとめる形で解決金を提
示して交渉することが適切です。

　そして、日頃からの取組みとしては、パワハラ防止指針でも求めら
れているとおり、ハラスメント相談窓口を適切に整備することが、最
も重要と言えるでしょう。

≫第1章で引用した裁判例の出典

❶ X産業事件（福井地方裁判所判決平成26年11月28日）労働判例1110号34頁

❷ 長崎県ほか（非常勤職員）事件（長崎地方裁判所判決令和3年8月25日）労働判例1251号5頁

❸ アリスペッドジャパン事件（東京地方裁判所判決令和5年3月2日）労働判例ジャーナル146号52頁

❹ 東京地方裁判所判決平成28年10月7日 Westlaw Japan 文献番号2016WLJPCA10078009

❺ 医療法人社団誠馨会事件（千葉地方裁判所判決令和5年2月22日）労働判例1295号24頁

❻ 明日香村事件（奈良地方裁判所判決令和4年3月24日）労働判例ジャーナル127号34頁

❼ 大阪地方裁判所判決令和5年9月29日 公刊物未掲載

❽ サン・チャレンジほか事件（東京地方裁判所判決平成26年11月4日）労働判例1109号34頁

❾ 辻・本郷税理士法人事件（東京地方裁判所判決令和元年11月7日）労働経済判例速報2412号3頁

❿ 医療法人愛整会事件（名古屋地方裁判所岡崎支部判決令和5年1月16日）労働判例ジャーナル133号12頁

⓫ 学校法人茶屋四郎次郎記念学園事件（東京地方裁判所判決令和4年4月7日）裁判所ウェブサイト

⓬ 京丹後市事件（京都地方裁判所判決令和3年5月27日）労働経済判例速報2462号15頁

⓭ 国立大学法人旭川医科大学事件（旭川地方裁判所判決令和5年2月17日）労働経済判例速報2518号40頁

⓮ 東京地方裁判所判決令和2年3月30日 Westlaw Japan 文献番号2020WLJPCA03308007

⓯ 国・法務大臣事件（静岡地方裁判所判決令和3年3月5日）労働判例ジャーナル112号58頁

⓰ 東京裁判所判決平成28年3月17日 Westlaw Japan 文献番号2016WLJPCA03178008

⓱ サントリーホールディングスほか事件（東京地方裁判所判決平成26年7月31日）労働判例1107号55頁

［ 第 2 章 ］
復職をめぐる
トラブルの円満解決
（メンタルヘルス不調の事例を題材に）

相談事例

休職前から協調性や勤務態度に問題があった従業員から復職を求められた場合の対応

　弊社は不動産業を営む従業員40名の会社です。1年前に、前職で経理業務の経験が長かった女性社員を即戦力として採用し、経理部のチームリーダーに任命しました。経理部のチームリーダーは、チーム内の従業員を統率し、社内の他部署や顧客との折衝を行う重要なポジションです。弊社はこの女性社員に大きな期待を寄せていました。

　しかし、期待に反し、入社後の女性社員のパフォーマンスは低調なものでした。また、女性社員には協調性に欠ける言動が目立ち、度々、周囲とトラブルを起こしていました。上司との関係でも、自分の考えに固執し、自分の問題点を認めなかったり、上司の注意指導を聞き入れなかったりといったことが頻繁にありました。

　弊社としても対応に悩んでいたところ、この女性社員が集中力の低下や動悸といったうつ症状を訴えるようになりました。そのため、弊社は女性社員に対し、休職して治療に専念するように命じました。弊社の就業規則によれば、この女性社員について認められる休職期間は最大6か月間で、この期間中に復職できない場合は自然退職になるとされています。

　休職中も女性社員の体調はあまり回復していないようでした。そのため、弊社としては、女性社員はこのまま休職期間満了まで復職できず、自然退職になるだろうと思っていました。ところが、休職期間満了の直前になって、女性社員が就労可能と記載された主治医の診断書を提出し、復職を希望しました。女性社員と面談した人事担当者は、女性社員の様子について「ボーっとして

いて話を聴いていないことも多く、回復しているようには見えなかった」と言っています。

　女性社員は休職期間中に復職できず自然退職となってしまうことを避けるため、主治医に無理を言って就労可能という診断書を書いてもらったのではないでしょうか。この女性社員は休職する前から、能力不足や協調性の欠如といった問題で周囲とトラブルを起こしてきました。社内のメンバーはこの女性社員の復職については強い拒否反応を示しており、弊社としてはできれば復職せずに辞めてほしいというのが本音です。今後どのように対応したらよいでしょうか。

1 メンタルヘルス不調による休職・退職が増えている

　最近、顧問先から、メンタルヘルス不調（うつ症状や適応障害など）による従業員の休職や退職についてご相談をいただくことが増えています。厚生労働省の調査によると、令和4年11月から令和5年10月までの1年間にメンタルヘルス不調による連続1か月以上の休職者またはメンタルヘルス不調による退職者がいた事業所の割合は13.5％となっています（令和5年「労働安全衛生調査（実態調査）」）。この割合は、令和4年の調査では13.3％、令和3年の調査では10.1％、令和2年の調査では9.2％でした。このことからもわかるように、メンタルヘルス不調者への対応は、人事労務のテーマの1つとして、年々その重要性が増しています。　そして、このようなメンタルヘルス不調者への対応で、**最もトラブルになりやすいのが、冒頭の相談事例のような休職からの復職の場面です。**

　人事労務の分野では、労働者のけがや病気を、業務を原因とするものと、業務が原因でないものに分けて考えることが重要です。前者の「業務を原因とするもの」は「労働災害（労災）」の問題です。これに対し、後者の「業務が原因でないもの」は「私傷病」と呼ばれます。例えば、職場内のハラスメントや長時間労働が原因でうつ病や適応障害になった場合は労災となります。これに対し、私生活でのストレスや労働者の性格傾向など業務以外の原因でうつ病や適応障害になった場合は私傷病となります。本章では、私傷病によるメンタルヘルス不調で休職していた従業員の復職をめぐるトラブルについて取り上げます。

74　第2章　復職をめぐるトラブルの円満解決（メンタルヘルス不調の事例を題材に）

2 復職を認めない判断はトラブルになりやすい

 まずは就業規則を確認する

　私傷病による休職からの復職に対応する場面では、まずは自社の就業規則を見て、自社が私傷病休職に関するルールをどのように定めているかを確認する必要があります。多くの事業者が、従業員が私傷病で働けなくなった場合に備えて、就業規則に私傷病休職制度を定めています。私傷病休職制度は、けがや病気により長期間働けない従業員について、すぐに解雇するのではなく雇用を継続したまま仕事を休むことを認める制度です。

　休職が認められる期間も就業規則によって定められます。勤続年数などによって異なる期間を定める例が多いですが、一般的には3か月から2年程度とされていることが多いです。休職期間中の給与については無給とされることが多くなっています。そして、就業規則で認められる休職期間中に、休職者が不調から回復し、復職できる健康状態になったときは、事業者は休職者を復職させることになります。一方で、休職者の健康状態が十分に回復しないまま就業規則で認められる休職期間が満了した場合、自然退職または普通解雇により雇用を終了することが就業規則に定められることが一般的です。

　このように私傷病休職制度は就業規則に定められています。そして、一口に私傷病休職制度といっても、休職を命じるための要件や休職期間の長さなどの定め方は事業者によって異なります。そのため、**私傷病休職からの復職の場面では、まずは自社が私傷病休職に関するルールをどのように定めているのかを就業規則で確認する必要がある**のです。

なお、事業者によっては、私傷病休職を「傷病休職」とか「病気休職」などと呼んでいる場合もあります。

復職を認めないという判断を安易にしてはいけない

　冒頭の相談事例に戻りましょう。女性社員と面談した人事担当者は、女性社員が回復しているようには見えなかったと言っています。明らかに体調が悪そうな女性社員が就労可能という診断書を提出してきた場合、休職期間満了により退職とならないよう主治医に無理を言って書いてもらったのではないかと、事業者が考えるのも理解できます。実際、患者が「復職したいので就労可能という診断書を書いてほしい」と要望した場合、患者の希望を考慮して、患者の意向どおりに診断書を書くという医師も少なくないのです。筆者の経験でも「患者が復職を希望する場面で主治医がその意向に沿わない診断をすることは主治医にとってデメリットしかなく、基本的に意向どおりの診断書を書く」という心療内科医もいました。

　事業者は従業員が本当に就労可能な健康状態になったのであれば、就業規則に従って復職を認めなければなりません。従業員が就労可能な健康状態になっているのに、休職期間満了による自然退職として扱ったり、普通解雇したりすることは、過去の裁判例でも認められていません。しかし、相談事例のようなケースでは、事業者は本当に復職させて大丈夫なのか判断に迷うでしょう。精神疾患の再発率は高く、いったん復職してもしばらくすると体調不良が生じ、再度休職せざるを得なくなるケースも多いです。十分に回復していない状態で復職を認めることは、本人に無理をさせることになり、結局、本人の健康を悪化させます。また、それだけでなく、復職者に配慮し、復職者のサポートを担当することになる従業員に負担がかかり、周囲の不満もたまっていきます。

　ここで事業者としてやってはいけない対応は、女性社員の健康状態

が回復しているようには見えなかったという人事担当者の印象のみを根拠に、復職を認めず、休職期間満了による自然退職としたり、あるいは休職期間満了により解雇したりすることです。主治医が就労可能と診断しているにもかかわらずそのような対応をされた場合、女性社員は事業者の対応は不当であると感じるでしょう。納得せず、トラブルになる可能性が非常に高いです。そして、もし訴訟になった場合、裁判官は、主治医が就労可能と診断している以上、「女性社員は就労可能な状態であった。それにもかかわらず、会社が復職を認めずに、休職期間満了により雇用を終了したことは無効である」と判断する可能性が高いです。裁判官は法律の専門家であって、医療の専門家ではありません。医療の専門家である主治医が就労可能と判断した診断書がある以上、裁判官が医学的根拠をもたないままこれを否定することは難しいのです。

3 復職をめぐるトラブルが訴訟になるとどうなるか？

① 相談事例について参考になる裁判例

　冒頭の相談事例を考えるにあたって参考になる裁判例の１つが、❶アメックス（休職期間満了）事件（東京地方裁判所判決平成26年11月26日）です。この裁判例は、クレジットカード会社の女性社員がうつ状態と診断されて休職していたところ、復職できるかどうかの判断をめぐって会社とトラブルになった事案です。この女性社員は、１年以上にわたり休職していましたが、就業規則で認められた休職期間が満了する約２週間前に、就労可能という主治医の診断書を会社に提出して復職を求めました。しかし、会社は女性社員の体調が十分に回復していないとして、復職を認めませんでした。そして、復職できないまま休職期間が満了したとして女性社員を退職扱いとしました。女性社員はこれが不当であるとして、会社に対し、雇用契約が続いていることの確認や復職していればもらえたはずの給料の支払い等を求める訴訟を起こしたのです。

　労働者は、私傷病で働けない期間中、要件を満たせば、健康保険から傷病手当金を受給できます。その受給のためには主治医が「労務不能と認めた期間」欄などを記載した請求書（申請書）を提出する必要があります。この事案で、主治医は、女性社員が傷病手当金を受給するための請求書に、休職期間が満了する時点では労務不能の状態であったという趣旨の記載をしていました。そこで、訴訟において、会社は、女性社員が提出した就労可能と書かれた診断書は、傷病手当金の請求書における主治医の記載と矛盾しており、信用できないと主張

78　第2章　復職をめぐるトラブルの円満解決（メンタルヘルス不調の事例を題材に）

しました。また、女性社員は就労可能という診断書を会社に提出する際、主治医が作成した情報提供書も提出しました。この情報提供書には、女性社員の体調について「軽度日中の眠気が出現する」「質量ともに負担の軽い業務からスタートして徐々にステップアップすることが望ましい」といった記載がありました。会社は、これらの点を根拠に女性社員が復職できる健康状態まで回復していなかったと主張しました。

　しかし、**裁判所は、会社の主張を認めず、主治医の診断書に基づき、女性社員は就労可能な状態であったと判断しました**。会社の主張について、裁判所は、会社は主治医の診断内容に不自然な点があると考えるなら、主治医に問合せをし、女性社員の承諾を得てカルテを取り寄せて、会社の指定医の診断も踏まえて、主治医の診断書の内容を吟味することができたと述べました。そして、会社がそのような措置を一切とらずに医学的知見を用いることなく主治医の診断が間違っていると考えたことは、不合理であると判断したのです。

　その結果、**会社は、この女性社員との雇用契約が続いていることを判決で確認されました。会社は退職扱いとしていた女性社員の復職を認めなければならないことになります**。さらにそれだけではなく、会社の誤った判断による退職扱いの結果、女性社員が働けなかった期間の給料等として、1,000万円を超える金銭をこの女性社員に支払うことを命じられています。

復職を認めるかどうかは事業者の自由ではない

　事業者が休職者の復職を認めなかった場合にそれが訴訟で争われる例は多数ありますが、❶アメックス（休職期間満了）事件の判断は、この分野におけるオーソドックスな判断です。この裁判例からもわかるように、休職者の復職を認めるかどうかは事業者の自由ではありません。診断書等に「軽度日中の眠気が出現する」などの記載があり、

3　復職をめぐるトラブルが訴訟になるとどうなるか？　79

体調が万全とまでは言えない場合でも、事業者として復職を認めなければならない場面があります。そして、この裁判例が判示しているように、**事業者が主治医の診断内容について不自然な点があると考えるなら、主治医に問い合わせたり、カルテを取り寄せたうえで他の医師に意見を聴いたりすべきであり、十分な医学的根拠なく主治医の診断を無視することは通常認められません。**

　このような復職に関する判断をめぐる訴訟は、訴訟期間が第一審だけでも２年近くに及ぶことが多いです。事業者としては、長い時間と労力、そして弁護士費用を費やしたにもかかわらず、自社の判断が誤りであったと判断されてしまい、多額の金銭を支払わなければならないことになるのは何としても避けたいところです。そのためには、事業者は、休職者が復職を希望した時点で、あるいはもっと前から、適切な対応をする必要があります。

　そこで、以下では、私傷病で休職していた従業員について、復職の可否を判断する際の正しい手順を説明します。そのうえで、事業者として復職を認めない場面でも、訴訟を避け、円満に解決する方法を解説します。

　なお、一般に、このような私傷病休職からの復職の場面では、事業者は、主治医の意見を聴くのとは別に、職場のことをよく知る産業医の助言や支援も受けながら対応することが重要です。しかし、産業医の選任が法律上義務付けられているのは、従業員50名以上の事業場のみです（労働安全衛生法13条１項、労働安全衛生法施行令５条）。日本で９割以上を占める従業員50名未満の事業場では産業医の選任が義務化されておらず、実際にも産業医を選任していないことが大半です。そこで、以下ではこのような実情を踏まえ、主に産業医がいない事業者における対応を想定して解説します。

4 復職の可否を判断する際の正しい進め方

① 復職の可否の判断の流れ

　メンタルヘルス不調者への対応で最もトラブルになりやすいのは、事業者が休職者の復職を認めるかどうかを判断する場面です。休職者から復職を希望する旨の申出があった場合に、事業者が復職の可否を判断する際のおおまかな流れは以下のとおりです。

> **▶▶ 復職の可否の判断の流れ**
>
> 休職者に主治医の診断書を提出してもらう。
>
>
>
> 事業者から（産業医がいる場合は産業医から）主治医に対して医療照会を行う。
>
>
>
> 必要に応じて試し出勤を行いつつ、復職に関する判断資料を集める。
> 産業医や会社指定医がいる場合はその助言を得る。
>
>
>
> ここまで収集した資料や助言をもとに事業者として復職の可否の判断をする。

　このように復職の可否の判断をするうえで重要なことは、手間がかかっても必ず医師の意見を聴きながら判断しなければならないという

ことです。繰り返しになりますが、前述の❶アメックス（休職期間満了）事件では、会社が主治医の診断内容について主治医に問合せをしておらず、またカルテを取得して会社指定医の意見を聴いたこともなかったことが、会社が敗訴した理由の1つとして挙げられています。

なお、このような手順を踏むためには一定の期間を要しますが、復職の可否の判断に合理的に必要な期間は無給とすることも認められます。一方、休職期間満了の直前の時期に休職者から主治医の診断書が提出された場合に、休職期間満了までに復職の可否の判断が間に合わないからといって、退職扱いとすることは許されず、休職期間を延長して判断をする必要があります（これらの点について参考になる裁判例として、❷日本郵政事件・大阪地方裁判所判決令和5年5月22日、❸阪神高速技研事件・大阪地方裁判所判決令和6年5月21日等）。

以下で各手順について具体的に見ていきたいと思います。

休職者から復職の希望があれば主治医の診断書を提出してもらう

休職者が健康状態が回復したとして復職を求めた場合、事業者は、必ず、就労の可否について主治医の診断書の提出を求めて、その記載内容を確認すべきです。就労が可能なことを医師の診断書で確認しないまま、休職者の希望だけで復職を認めることは絶対にすべきではありません。事業者には、労働者が生命、身体等の安全を確保しつつ働けるように必要な配慮をする義務があります（労働契約法5条）。これを「安全配慮義務」と言います。**医師の診断書を確認しないまま復職させた場合、復職後に病状が悪化したときに、復職を認めたことは事業者の安全配慮義務違反にあたるとして責任を問われる例があります。**

例えば、❹市川エフエム放送事件（東京高等裁判所判決平成28年4月27日）は、適応障害などと診断され服薬・通院していた従業員が自殺未遂を起こして会社を休んでいた事案です。会社は本人から職場復

帰の申出があったことを受けて主治医の診断書を確認しないまま復帰させました。しかし、この従業員は復帰後に症状が悪化して自殺してしまいました。裁判所は、会社は医師による専門的な立場からの助言等を何ら踏まえることなく漫然と職場復帰を決めており、安全配慮義務違反があったと判断しました。その結果、会社は遺族に対し約3,000万円の損害賠償を命じられています。

診断書を作成した主治医への照会は必ず行う

ア　医療照会で主治医の本音を確認する

　休職者が就労可能と記載された主治医の診断書を提出した場合であっても、これを見ただけでは、通常、その具体的な意味内容や就労可能と診断された理由を十分理解することはできません。そこで、**事業者としては、診断書を作成した主治医に対し、診断書の意味内容や診断理由の詳細を確認することが必要です**。そのうえで、安全配慮義務を果たす観点から、主治医に対し、本当に復職を認めて問題ないのか、復職にあたり配慮すべき点はないのかといった点を確かめなければなりません。

　前述のとおり、主治医は、患者（休職者）から就労可能という診断書を作成してほしいと言われた場合、患者の希望を考慮してその意向どおりに診断書を作成してしまうケースもあります。厚生労働省の「心の健康問題により休業した労働者の職場復帰支援の手引き」にも、主治医による診断書について、「労働者や家族の希望が含まれている場合もある」との指摘がされています。このようなケースでは、主治医が就労可能と書いているからといって、実際に復職できる程度にまで体調が回復しているとは限りません。それにもかかわらず、主治医の診断書だけを根拠に復職させてしまうと、復職後に休職者の病状が悪化するなどして、トラブルの原因になったり、復職が失敗に終わったりする危険があります。

また、**復職の可否は、病状だけを基準に判断できるものではありません。復職後に予定されている業務内容や業務による負荷の程度、職場環境なども考慮して行う必要があります。**例えば、相談事例のようなチーム内の従業員を統率し、社内の他部署や顧客との折衝も必要になる業務の場合、他者との接触が少なく自分のペースで進めればよいような業務と比べて、復職の可否をより慎重に判断する必要があるでしょう。しかし、主治医が復職後に予定されている業務内容や業務による負荷の程度、職場環境などを十分把握しているとは限りません。これらの点を把握しないまま、日常生活における休職者の回復状況や診察時の休職者の様子を基準に、就労可能とする診断書を作成しているケースも多いのです。つまり、「生活リズムが整い、朝起きて夜寝ることができている」「診察時の口調や表情が穏やかで通常の会話が成立する」「意欲や注意力の回復がうかがわれる」といったことを踏まえて、就労可能と診断していることが少なくありません。しかし、日常生活と仕事では休職者にかかるストレスの強さが全く違います。日常生活や診断時には問題がなくても、仕事はできないというケースは容易に想定できます。

　そこで、**事業者としては、復職後に予定している業務内容等を主治医に伝えたうえで、本当に就労可能な状態か、復職に際して配慮が必要な事項がないかといった点を、主治医に確認する必要があります。そして、提出された診断書の内容に、休職者の意向が強く反映されており、そこに記載された内容が必ずしも主治医の本音ではない場合は、主治医への確認を行う中で、診断書に記載されなかった主治医の本音を聴き出すことも大切です。このような主治医への問合せを「医療照会」と言います。**前述の❶アメックス（休職期間満了）事件でも、裁判所は、会社が主治医の診断内容について不自然な点があると考えるなら主治医に問い合わせるべきだったと判示しています。つまり、主治医に対する「医療照会」をすべきだったと裁判所は言っているのです。

イ　医療照会により主治医の本音が確認できた事例

　就労可能との主治医の診断書が提出されたが、主治医にその詳細を確認したところ、主治医の本音は診断書の内容とは全く違うものであったことがわかるという例は、筆者の経験上、少なくありません。

　裁判例の中にもこれがあらわれたものがあります。その一例として、❺コンチネンタル・オートモーティブ事件（東京高等裁判所判決平成29年11月15日）を挙げることができます。

　この裁判例の事案では、適応障害で休職していた従業員が休職期間満了の12日前になって、通常勤務は問題ないと主治医に診断されたとして復職を求めました。しかし、この事案では通常勤務は問題ないという診断の信用性を疑わせる事情として、次のようなものがありました。すなわち、通常勤務は問題ないという診断がされるわずか18日前にこの従業員について自宅療養が必要という診断書が出ていたところ、会社はこの診断書を踏まえて従業員に対し休職期間満了により退職となる旨を通告していたのです。そうしたところ、休職期間満了の12日前になって通常勤務は問題ないという診断結果が提出されました。主治医の診断としては、①勤務できない、②制限勤務であれば可能、③通常勤務が可能の3種類が考えられるところ、短期間の間に①から②を飛ばして③へと診断結果が変わったのです。このような経緯を踏まえると、従業員が主治医に無理を言って通常勤務は問題ないと診断してもらった可能性があるため、会社が依頼した弁護士は主治医に診断結果が180度転換した理由を確認しました。これに対し、主治医は、診断内容を変更した理由について、「従業員が会社から解雇を宣言されて会社に戻りたいと希望したため」と回答しました。さらに制限勤務ではなく通常勤務が可能とした理由については「医師としては制限勤務とすべきと思っているが、それでは会社から就労可能でないと判断されてしまうこともあり、本人から通常勤務は問題ないと書くよう希望されたため、そのように書いた」と回答しました。このように、診断内容の変更は、従業員の病状が良くなったからということが理由ではなく、退職となることを避けたいという従業員の意向によ

4　復職の可否を判断する際の正しい進め方　85

るものであったことが明らかになったのです。そこで、会社はこの従業員の復職を認めず、休職期間満了による自然退職としました。

　従業員はこの会社の判断を不当であるとして訴訟を起こしました。しかし、裁判所は、主治医が上記のとおり回答した事実や、この従業員が休職期間満了の時期にも抗うつ剤や比較的強い睡眠導入剤の処方を受けていたこと、通院の頻度も通常の患者よりも多かったことなどを踏まえ、復職を不可として退職扱いにした会社の判断は正当であったと判断しました。

　このように診断書を作成した主治医に確認をすることによって、診断書には記載されていなかった主治医の本音がわかるケースも多いのです。このような本音を確認しないまま、ただ主治医の診断書に従って復職を認めると、本人の体調に照らして無理な復職となりかねません。その結果、復職後に病状が悪化し、再度休職に至る危険があります。一方、主治医が就労可能とする診断書を出しているにもかかわらず、それについて主治医に何の確認もしないまま復職を認めないという対応も、到底、休職者の納得を得られず、休職者とトラブルになります。**メンタルヘルス不調からの復職の可否を事業者が判断する場面で、休職者とのトラブルを避けるためには、手間がかかっても主治医への医療照会を行うことが必須なのです。**

ウ　配慮事項が書かれている場合はその内容を主治医に確認する

　主治医の診断書に、復職に際して事業者が配慮すべき事項が記載されていることも多いです。例えば「当面業務内容を考慮したうえでの通常勤務は可能である」といった診断書が休職者から提出されることがあります。このような場合、具体的にどのような配慮が必要なのかという点について、主治医への確認が必要です。この例で言えば、「当面」というのはいつまでなのか、「業務内容を考慮」というのは具体的にどのような業務にすればよいのかが不明です。これらを明確にしなければ、事業者として、主治医が求める配慮事項を実現できるか

どうかを判断することができません。また、詳しくは後述しますが、主治医が事業者に対して過大な配慮を求めていることもあります。そのような過大な配慮がなければ復職できないということであれば、事業者としては復職不可と判断せざるを得ませんが、上記のような抽象的な診断書の記載だけではこの点の判断ができません。そこで、事業者から、復職後に予定している業務内容等を主治医に伝えたうえで、「当面」というのがいつまでの期間を意味するのか、「業務内容を考慮」とは具体的にどのような業務にすればよいのかといった点について、主治医に確認する必要があります。

エ　医療照会の手順

ここまで説明した医療照会を行うのが、81ページで説明した「事業者から（産業医がいる場合は産業医から）主治医に対して医療照会を行う。」の手順です。この医療照会の手順をさらに詳しく見ると以下のとおりです。

> **》医療照会の手順**
> ①　主治医への確認について、休職者から同意書をもらう。
>
>
>
> ②　復職後に予定している業務内容等を具体的に記載した「職務内容報告」と医療照会の「回答書」の用紙を作成し、主治医に郵送する。
>
>
>
> ③　「回答書」が返送されてきたら、その記載内容を踏まえて主治医と直接面談する。

以下で①から③までを順に説明します。なお、ここでは、産業医がいない事業者を想定して、人事担当者等から主治医に対して医療照会を行う例を説明します。産業医のいる事業者では、事業者は産業医に

協力してもらい、産業医から主治医に医療照会をしてもらうことが、医師同士の信頼関係や専門的な知見を活かした詳細な情報交換ができ、より適切です。

休職者から同意書をもらう

ア　同意書が必要な理由

　医療照会の最初の手順として、休職者から同意書をもらうことが必要です（87ページの医療照会の手順①）。例えば、いきなり主治医に電話して休職者の病状や主治医が作成した診断書の意味内容を尋ねても、教えてもらえることはありません。医師は、正当な理由なく業務上取り扱った患者の情報を漏らすことが禁じられているからです（刑法134条1項）。主治医は、休職者の同意がなければ医療照会に回答してくれません。そのため、医療照会の前に休職者から同意書をもらう必要があるのです。

　また、医療照会をする際は、事業者から主治医に対し、休職者が復職後に従事する予定の業務内容等を伝える必要があります。そのうえで、医療照会の結果として主治医から得た回答内容を復職についての判断に利用することになります。このような事業者から主治医への情報提供と事業者による回答内容の利用についても、休職者から同意を得ておく必要があります（個人情報保護法20条2項、21条1項および労働者の心身の状態に関する適正な取扱いのために事業主が講ずべき措置に関する指針2⑹）。

　このように、**同意書は、主治医が医療照会に回答することの同意と事業者が主治医に情報提供し、主治医から受け取った情報を利用することの同意の両方を含む内容にしておくことが適切です。**同意書の書式は次ページを参考にしてください（**書式1**）。この書式には、主治医ができるだけ休職者の意向にとらわれずに本音で回答しやすくするために、「回答内容が必ずしも私の希望に沿わないものになる可能性

■書式1　医療照会用同意書の例

同意書

○○○○クリニック　御中
株式会社○○○○　　御中

令和○年○月○日

住所＿＿＿＿＿＿＿＿＿＿＿＿＿＿＿

氏名＿＿＿＿＿＿＿＿＿＿＿＿＿印

　私は、会社が私の復職の可否、復職にあたって必要な措置の内容を判断するための医療照会に、貴クリニックが回答することに同意します。なお、医学的な判断による回答内容が必ずしも私の希望に沿わないものになる可能性もあることについて、承知し、理解しております。

　また、会社が復職後に予定する職務内容や休職前の就業状況等を私の主治医に伝えたうえで医療照会を行うこと、医療照会の回答書を受領して復職の可否や復職にあたって必要な措置の内容を判断するために利用すること、および回答書の内容を会社指定医、産業医に提供して意見を求めることに同意します。

以　　上

4　復職の可否を判断する際の正しい進め方　89

もあることについて、承知し、理解しております。」という文言を入れています。

イ　休職者が同意しない場合も簡単にあきらめない

　では、休職者から同意書をもらおうとしたら、「個人情報にかかわるから同意しない」などと言って拒まれた場合は、どうすればよいでしょうか。

⑺　休職命令の段階で同意書の提出を求めることが望ましい

　まず、休職者が同意書に署名押印しないという問題を避けるためには、休職命令の段階で休職者から同意書をもらっておくことが望ましいです。休職は事業者が命じるものですが、実際には体調不良を生じた従業員自身もスムーズに休職に入ることを望んでいるケースが多いです。そのような場合は、休職を命じる段階で休職者に同意書の提出を求めると、スムーズに提出されやすいです。

⑻　休職を命じる段階で同意書をもらっていなかった場合の対応

　一方、休職を命じる段階で同意書をもらっておらず、復職を検討するようになった段階ではじめて同意書をもらおうとする場合は、休職者が主治医への照会に必要な同意書を提出しないという問題が起きることがあります。このような場合、**まずは「なぜ同意しないのか」という理由を確認することが重要です。**

　メンタルヘルス不調による休職者が主治医に話している内容には、デリケートなものも含まれます。その内容を事業者に知られたくないため、休職者が医療照会に同意しないケースもあります。そのような場合は、復職のためには医療照会の手順が必要であることを伝えるとともに、医療照会の回答内容を適切に管理することを休職者に説明して説得すべきでしょう。例えば、次のような点を休職者に説明することが考えられます。

① 回答内容を確認する従業員の範囲を必要最小限に限定すること
② 施錠された棚に保管する、パスワードを付けた電子ファイルとして保存するなどして回答内容を厳重に保管すること
③ 回答内容を復職に関する判断以外に利用しないこと

　また、日頃から、健康診断結果等の従業員の健康に関する情報を適切に管理し、情報の取扱いについて従業員から信頼を得ておくことが必要でしょう。

　これとは別に、休職者と上司の人間関係が悪化し、休職者が上司を敵視しているため、同意書を出さないケースもあります。そのような場合は、医療照会の回答内容は人事担当者のみが確認し、上司には見せないと説明することにより、同意書の提出を促すことが考えられます。

　事業者に対する漠然とした不信感や敵対心から、同意しないケースもあります。このような場合でも、**「説得しても同意しないだろう」と簡単にあきらめてしまうのではなく、同意が得られるよう努力する必要があります。**例えば、以下の点を休職者に説明して説得することが考えられます。

① 休職者と直接話してみると体調が悪そうに見えること
② 無理に復職して症状が再発したり、悪化したりしないかを心配していること
③ 主治医が復職後の業務内容等を十分に把握したうえで回答しているかどうかが診断書だけでは判断できないこと
④ 復職にあたり事業者として留意すべき点、配慮すべき事項等を主治医に確認する必要があること
⑤ 主治医への確認ができない場合、提出された診断書だけを根

4　復職の可否を判断する際の正しい進め方　91

拠に復職させるという判断はできず、休職期間満了による自然
退職という結論になってしまう可能性があること

⑥　就業規則において、主治医からの意見聴取のために必要な協
力をすることが義務付けられており、これに応じないために就
労可能かどうかが確認できないときは復職を認めないことが規
定されていること（162ページの就業規則規定例〇条3項参照）

これらの点を丁寧に説明することで、休職者が医療照会に同意する
ケースは多いです。

ウ　最後まで休職者の同意が得られない場合の対応

では、休職者が最後まで医療照会に同意しない場合はどう対応すべ
きでしょうか。

㋐　医療照会ができなくても復職を認める必要がある場合

まず、**休職者が医療照会に同意しない場合でも、就労可能とする主
治医の診断書について特段の疑問がないときは、1か月程度の試し出
勤で、試験的に短時間の就業をさせ、安定的に就業できるかを確認す
べきです**（試し出勤については109ページで後述します）。**そのうえ
で、特段の問題がなければ復職を認める必要があります。**

このような場面で、休職者が医療照会に同意しないことを理由に復
職を認めないという判断をすべきではありません。裁判例の中にも、
休職者が休職期間中から会社と対立して会社が主治医に対する医療照
会のための同意書の提出を求めても回答しない態度をとっていた事案
において、その後、休職者が就労可能とする主治医の診断書を提出し
たものの会社が復職を認めずに休職期間満了による自然退職とした措
置を無効とした例が見られます（❻綜企画設計事件・東京地方裁判所
判決平成28年9月28日）。裁判所は、判断の理由として、主治医が就
労可能と診断しており、試し出勤での勤務状況にも大きな問題は見ら

れなかったことから、就労可能な状況にあったとみるべきであるとしています。訴訟において会社は、休職者の態度から主治医に対する医療照会が困難であったことも主張しましたが、裁判所はそうであるとしても主治医の診断を排斥する根拠に乏しいとして、会社の主張を認めませんでした。

　これに関連して、163ページの就業規則規定例では、○条3項3文目で「主治医への医療照会等の手続きが行えず、会社が就労可能な状態に達したことを確認することができないときは、会社は復職を認めません。」という内容の規定をおいています。このような規定を就業規則においていたとしても、医療照会等をしなければ就労の可否を確認できない場合にのみ適用できる規定であることに注意してください。就労可能とする主治医の診断書について特段の疑問がないにもかかわらず、休職者が医療照会に同意しないことを理由に復職を認めないことができるわけではありません。

㈠　復職を認めるべきではない場合

　一方、**就労可能とする主治医の診断内容について事業者として合理的な疑問があるにもかかわらず、最後まで休職者の同意が得られない場合は、事業者として本当に就労可能かどうかを確認できない以上、復職を認めるべきではありません。例えば、客観的に見て病状がむしろ悪化していることがうかがわれるにもかかわらず、就労可能とする主治医の診断書が提出され、休職者が医療照会に同意しないようなケースがこれにあたります。**

　裁判例の中にも、休職者が事業者による医療照会に同意しなかった事案において、事業者が復職を認めずに休職期間満了により自然退職としたことは違法ではないと判断したものがあります（❼日本漁船保険組合事件・東京地方裁判所判決令和2年8月27日）。この事案で、休職者は「復職を試みることが可能」とする主治医の診断書を提出して復職を求めていました。しかし、一方で、休職者はTwitter（現在は「X」）において再三にわたり、自らの記憶が他者に読まれている

4　復職の可否を判断する際の正しい進め方　93

という妄想を投稿していました。主治医はこのような投稿を把握しないまま診断書を作成した可能性が高いため、このような投稿を踏まえても復職を試みることが可能という意見なのかどうかを事業者から主治医に確認する必要があったと言えます。そこで、事業者は休職者に対し、主治医との面談に同意するよう求めましたが、休職者がこれを拒絶したという事情がありました。この事案について、裁判所は事業者が復職を認めなかったことは違法ではないと判断しています。この裁判例は、事業者が主治医との面談による医療照会への同意を休職者に求めた事案ですが、書面による医療照会に休職者が同意しない場合も同様と考えることができます。

　ただし、休職者が医療照会に同意しないため、就労可能かどうかを確認できず、復職を認めない場合は、事業者として休職者に同意するようできる限りの説得を行い、その経緯を記録しておく必要があります。休職者との面談録を作成するなどして、事業者が複数回にわたって同意するよう説得したことやその際の説明内容、それに対する休職者の応答などを記録しておかなければなりません。事業者としてできる限りのことをしたことを、裁判所に説明できるように準備しておくことが必要です。そして、休職者に対する説得の過程では、主治医の診断のどの点に疑問があり、なぜ確認する必要があるのかということも、休職者に説明することが望ましいでしょう。

　このように対応したうえで、訴訟回避のためには、休職期間満了による自然退職とすることはできる限り避け、128ページ以降で解説する合意退職による円満解決を目指すことが適切です。

⑤ 「職務内容報告」と「回答書」の用紙を作成し、主治医に郵送する

　休職者の同意が得られたら、医療照会にあたり、主治医に送付する文書を準備しましょう。次ページ以下の「職務内容報告」（書式２）と医療照会への「回答書」（書式３）の用紙を作成し、主治医に郵送して回答を求めることが適切です（87ページの医療照会の手順②）。

ア　職務内容報告

　前述のとおり、主治医が、休職者が復職後に従事する予定の業務内容や、業務による負荷の程度、職場環境などを把握しないまま、就労可能とする診断書を作成しているケースも多いです。**医療照会に対し、本当に就労可能な状態か、復職に際し配慮が必要な事項がないかといった点を適切に回答してもらうためには、復職後に予定している業務内容や、業務による負荷の程度、職場環境等を主治医に伝えておく必要があります。**そのために、医療照会の際に主治医に送付する文書が「職務内容報告」です。冒頭の相談事例では、例えば次ページのような職務内容報告を作成し、主治医に送付することが考えられます。

4　復職の可否を判断する際の正しい進め方　95

■書式2　職務内容報告の例

令和○年○月○日

職務内容報告

○○○○クリニック
○○○○先生　御机下

○○市○○区……
株式会社○○○○
担当　○○○○
電話

　本人の復職にあたり、必要となる業務遂行能力の程度は以下のとおりです。下記の業務について通常程度に行える状態かどうかを基準に復職に関するご意見をお願いいたします。ただし、必要に応じて、復職後3か月程度の期間、軽易な業務に就かせ、また残業を免除するなどの配慮をすることは可能です。

【復職にあたり必要となる業務遂行能力の程度】
・中途採用された勤続2年目の正社員で、入社時から現在に至るまで経理部に所属しています。
・役職は経理部のチームリーダーであり、チームの責任者として、チーム内の従業員○名を統率し、かつ、社内の他部署や顧客との折衝を行うことができることが必要です。その業務内容は、正確性、期限の厳守、折衝能力などが求められ、相応の精神的な緊張を伴うものです。
・勤務は午前9時から午後6時（休憩1時間）、土日祝は休みです。復職のためには、1日8時間、週5日の勤務が通常程度に行える健康状態にあることが必要です。3月の決算前などの繁

96　第2章　復職をめぐるトラブルの円満解決（メンタルヘルス不調の事例を題材に）

忙時には、１日２時間程度の残業が発生することが通常です。
・通勤手段は自家用車で、通勤時間は片道30分程度です。

ご参考
1　弊社の主たる事業内容
　不動産業を営む株式会社です。
　※　弊社HP：○○○○

2　弊社の従業員数
　40名

3　休職前の状況
・休職の３か月ほど前から、業務中の疲労感が目立つようになり
　単純なミスが増えました。注意するよう指導してもミスが減ら
　なかったため、休職者が行った仕事内容については、必ず他の
　従業員が確認をしていました。
・休職者自身も、上司に対し、「業務に集中することができない。」
　「動悸を感じる。」などと訴えていました。
・自身の職務遂行中のほか、内部の会議や打合せの席でも、居眠
　りをすることが頻繁にみられました。
・居眠りをしないときも、自席に着席していることができず、特
　段の事情もなく社内をうろつくということが頻繁にありまし
　た。
　　弊社としては復職後に同様の問題が起きないかを心配してお
　ります。

以　上

イ　回答書の用紙

　医療照会において事業者が確認すべき事項について、主治医から漏れなく回答をもらうためには、**具体的な質問事項を列挙した回答用紙を作り、これを主治医に送付して回答を求めるのがよいです。**

　冒頭の相談事例では、例えば、次ページの書式３のような回答用紙を作成することが考えられます。**書式３**では、３で復職の可否について主治医に確認する質問を設けています。しかし、前述したとおり、復職の可否については、休職者の意向が強く反映されてしまい、主治医の本音が記載されないこともあります。その場合、主治医の本音はどちらかというと、「復職にあたり必要な配慮の内容」（**書式３の７**）のところに記載されやすいです。そのため、必要な配慮の内容を聴く質問は必ず設けておきましょう。

　また、主治医が就労可能とする診断書を作成したきっかけを確認することも有益です。例えば、休職期間満了が近づいて休職者から退職を避けるために診断書を書いてほしいと言われて書いたといった事情がある場合、健康状態が十分に回復しているわけではない可能性があります。この観点から、**書式３の９**のように診断書を書いたきっかけを主治医に問う質問も設けておくとよいでしょう。

　さらに、服用中の薬剤の名称や服用量、服用頻度、薬剤の副作用等の情報は、休職者の意向によって変わることがない客観的な情報です。このような客観的な情報を聴く質問も必ず設けておきましょう（**書式３の２、５**）。

■書式3　回答書の例

令和○年○月○日

回答書

患者名　○○○○（平成○年○月○日生）

1　上記患者についての現時点における診断名と、現時点で加療
　　対象となっている具体的な症状の内容および程度をご教示くだ
　　さい。

(1)診断名

_____

(2)加療対象となっている具体的な症状の内容および程度

_____

2　上記患者が上記症状の治療のために服用中の薬剤の名称、服
　　用量、服用頻度、服用終了見込み時期についてご教示ください。

(1)薬剤の名称

_____

(2)服用量、服用頻度

_____

(3)服用終了見込み時期

_____

3　上記患者は令和○年○月○日ごろから弊社に復職することを
　　希望しています。復職後は、弊社において休職前と同等の別紙
　　職務内容報告記載の業務（チームの責任者として他の従業員を
　　統率することや、正確性、期限の厳守、折衝能力などが求めら
　　れる業務です。また、1日8時間、週5日の勤務が通常程度に
　　行える健康状態にあることが必要です）に従事させる予定で
　　す。上記患者が、令和○年○月○日ごろから上記業務で無理な
　　く復職することが可能かどうかについてご教示ください。

4　復職の可否を判断する際の正しい進め方　99

(1)別紙職務内容報告記載の業務で無理なく復職することが可能か
　　どうか

(2)上記(1)のとおり判断された理由

4　上記患者を別紙職務内容報告記載の業務に復職させることに
　よる症状増悪の危険の有無についてご教示ください。
　　・症状増悪の危険の有無

5　令和○年○月○日ごろから別紙職務内容報告記載の業務に復
　職させることを検討するにあたり、上記患者が服用中の薬剤の
　副作用について注意すべき点があればご教示ください。
　　・注意すべき副作用の内容

6　令和○年○月○日ごろから別紙職務内容報告記載の業務に復
　職させた場合に、上記患者の症状のために生じ得る業務への支
　障があればご教示ください。
　　・症状のために生じ得る支障の内容

7　上記患者の復職にあたり会社として何らかの配慮が必要な場
　合、必要な配慮の内容と配慮が必要な期間についてご教示ください。
(1)必要な配慮の内容　（例：「残業を免除する」など）

(2)配慮が必要な期間　（例：「復職後3か月間」など）

(3)上記(1)に記載いただいた配慮を上記(2)に記載いただいた期間行えば、期間経過後は別紙職務内容報告記載の業務に無理なく復帰することが可能でしょうか。以下のいずれかに〇をつけてご教示ください。

【　　】(2)の期間経過後は別紙職務内容報告記載の業務に無理なく復帰できる

【　　】(2)の期間経過後も別紙職務内容報告記載の業務に復帰できるかは、やってみなければわからない

【　　】その他（　　　　　　　　　　　　　　　　　　　　）

8　上記患者について下記の点をご教示ください（復職してみなければわからないというご判断の場合はその旨を「特記事項」欄にご記入ください）。

項　　　目	問題点の有無等	特記事項
決まった勤務日、勤務時間に就労が継続して可能か	□可能 □問題がある	
昼間の眠気の問題がないか	□問題がない □問題がある	
適切な睡眠覚醒リズムが整っているか	□整っている □問題がある	
業務遂行に必要な注意力・集中力が回復しているか	□回復している □問題がある	
業務による疲労が翌日までに十分回復するか	□十分回復する □問題がある	
通勤時間帯に1人で安全に通勤できるか（片道30分の自動車通勤です）	□できる □問題がある	

9　令和〇年〇月〇日付けで復職について診断書をいただきましたが、これはどのようなきっかけから作成いただいたものでしょうか？　以下のいずれかに〇をつけてご教示ください。

【　】休職期間満了が近づいているので復職したい旨の申出が患者からあった

【　】体調が良くなったので復職したい旨の申出が患者からあった

【　】患者から復職についての要望はなかったが、主治医から復職を提案した

【 】その他（経緯をご記入ください：　　　　　　　　　　　）
10　その他、復職に関するご意見等がございましたら、ご教示ください。

_____

※　ご協力誠にありがとうございました。
　　　　　　　　　　　ご回答日　　令和　年　月　日
　　　　　　　　　　　医療機関名

_____

　　　　　　　　　　　ご回答者名（医師名）
　　　　　　　　　　　　　　　　　　　　　　　　　印
※　パソコンで入力して回答書を作成していただいた場合も署名押印欄は手書きで記入していただきますようにお願いいたします。

　なお、医療照会をしても、主治医から非常に簡単な回答しか得られないこともあります。簡単な回答しか得られない原因の１つとして、主治医が回答書に手書きしなければならないのを手間だと感じるということもあるようです。少しでも主治医の負担を減らして充実した回答を得るためには、医療照会の際に紙の回答書を主治医に郵送するだけではなく、回答書のワードファイルのデータを保存したUSBも同封して送るべきでしょう。そのようにすれば、主治医はパソコンで入力することにより回答書を作成することができます。ただし、医療機関によっては、外部のUSBを業務用パソコンに使用できないケースもあります。また、ワードファイルにパソコンで入力して回答書を作成してもらう場合であっても、回答書の末尾の署名押印欄については手書きしてもらう必要があります。そのため、署名押印欄については、入力した回答書をプリントアウトしたうえで手書きで記入してほしい旨を記載しておく必要があります。

「回答書」の内容を踏まえて主治医と直接面談をする

主治医からの回答書が返送されてきたら、その内容を十分に検討します。筆者の経験上、当初の診断書では主治医が就労可能と書いていたにもかかわらず、医療照会の回答書では、これとは矛盾する回答（就労可能とは到底評価できないような回答）がされる例も少なくありません。例えば、101ページの**書式３の８**の「決まった勤務日、勤務時間に就労が継続して可能か」という質問に対して「実際にやってみなければわからない」などと回答し、**書式３の９**の質問には「患者から休職期間満了による退職を避けるために診断書を要望されたため診断書を作成した」といった趣旨の回答がされる例もありました。「決まった勤務日、勤務時間に就労が継続して可能か」という点は、雇用契約における従業員としての義務を果たすための最も基本的な項目であり、これについて「実際にやってみなければわからない」というのでは、就労可能とは評価できません。このような場合は、事業者としては、復職を認めない判断を検討すべきでしょう。しかし、その場合、主治医の就労可能とする診断書とは異なる判断をすることになるため、主治医の診断の意味内容を十分確認したうえで判断しなければならないことは前述したとおりです。そのため、**主治医の回答内容の不明確な点や疑問点について、人事担当者が主治医を訪問して、主治医に面談のうえ確認することが適切です**（87ページの医療照会の手順③）。

ア　休職者を同席させずに話をするのがベスト

主治医との面談の際は、できる限り休職者を同席させず、人事担当者と主治医で話をすべきです。休職者が同席すると主治医が休職者の顔色をうかがいながら回答することになり、主治医の本音を聴くことが難しくなるおそれがあるからです。

過去の裁判例にもこの点がうかがえるものがあります。例えば、❽

独立行政法人N事件（東京地方裁判所判決平成16年3月26日）では、休職者は「現時点で当面業務内容を考慮した上での通常勤務は可能である」と記載された主治医の診断書を提出し、復職を求めました。これを受けて事業者から依頼を受けた弁護士が「当面業務内容を考慮した上での通常勤務」の意味について、主治医に電話で問合せをし、主治医の回答を電話録取書に記録しています。この電話録取書には、主治医が「通常勤務は可能」という診断書を出したものの、休職者の状態について「症状固定（治療を続けてもこれ以上よくならない状態）で治っていない」と明言したことや、「このことは患者には言えない」と回答したことなどが記載されていました。しかし、この主治医は、この問合せの約2週間後に、事業者の人事担当者らが、休職者本人らと一緒に面談をした際には、「症状固定というのは治っているということである。」「休職開始当時に比べてよくなっており、復職をさせる状態になっている。治っていないというのは○○弁護士（電話で問合せをした弁護士）の誤解である。」と回答しました。主治医は弁護士との電話の際は「治っていない」と回答する一方で、休職者がいる面談では「治っている」と回答したことになります。このような例からも、休職者の前では、主治医はその顔色をうかがった回答をしてしまいがちであることがわかります。

イ　主治医との面談のポイント

主治医との面談では、医療照会に対する回答書に記載された内容のうち、不明確な点や疑問点について確認することになります。

例えば、回答書（**書式3**）の7の「必要な配慮の内容」欄に「復職後しばらくの間は、ストレスの大きい業務は避け、比較的簡単な業務を行うこと」と主治医が記載していたとします。

このような場合、事業者としては、①休職前と同じ業務を行わせてよいのか、②復職の当初から休職前と同じ業務を行わせることができないのであればどのような業務に従事させて配慮すべきか、③そのような配慮はどの程度の期間必要なのかといった点について判断に迷う

■書式4　主治医面談録の例

主治医面談録

記録作成日：令和　　年　　月　　日			記録作成者：	
事業所		対象従業員氏名	生年月日	男・女
			歳	
面談日時	令和　　年　　月　　日	面談場所		
出席者				
主治医	医療機関名：　　　　　主治医：　　　　　連絡先：			
主治医による現状説明				
主治医との質疑応答				
面談担当者の評価・意見				

4　復職の可否を判断する際の正しい進め方　105

でしょう。主治医との面談では、休職前に行っていた業務内容や勤務時間、人員配置などを具体的に説明し、そのうえで休職前と同じ業務を行わせてよいかどうかを主治医に確認します。もし復職の当初から休職前と同じ業務を行わせることは不適当であるという回答があった場合、どの程度の期間、どのような配慮が必要かを確認しなければなりません。また、事業者としてあらかじめ、一定の配慮措置（例えば、3か月程度の期間は残業をさせないとか、3か月程度の期間はより負担の軽い業務を行わせるといった措置）を考えているのであれば、そのような配慮措置が適切かどうかを主治医との面談で確認することになります。**裁判例の中には、事業者がよかれと思ってした配慮が、復職者にとってはむしろ負担になってしまい、症状を悪化させたとして事業者が賠償を命じられている例もあります**（❾米子市立中学校教諭配転事件・鳥取地方裁判所判決平成16年3月30日、❿ピジョン事件・東京地方裁判所判決平成27年7月15日等）。**事業者が考える配慮措置が適切かどうかも必ず主治医に確認しておくことをおすすめします。**

　そして、**主治医との面談でヒアリングした内容については、すぐに「面談録」を作成するなどして書面化しておくべきです**（書式4参照）。また、面談録の「面談担当者の評価・意見」の欄を削除したうえで、休職者にも送付しておくとよいでしょう。客観的に見ればまだ体調が十分回復していないにもかかわらず、休職者が「体調は回復しており復職できる」と考えているような場面では、休職者の認識と事業者の認識にずれが生じ、復職をめぐるトラブルが起こりやすくなります。休職者の認識と事業者の認識をできるだけあわせていくことが、復職をめぐるトラブルを避けるポイントの1つです。さらに、後日になって面談録の内容が間違っているなどと言われないようにするためには、主治医にも同様に面談録の内容を送付しておくことが考えられます。

ウ 主治医との面談は録音したほうがよいか？

主治医との面談については、「面談を録音しておいたほうがよいですか」という質問をいただくことが多いです。①**主治医の同意を得て録音をする方法と、②同意を得ずに秘密録音する方法が考えられますが、結論から言えばいずれもやめておいたほうがよいでしょう。**

まず、①の主治医の同意を得て録音をしようとする場合は、録音することを面談前に主治医に伝えることになります。そうすると、主治医が警戒してしまい、本音を話してくれない可能性が高まります。また、人事担当者が主治医と信頼関係を築いていくうえでもマイナスでしょう。

次に、②の同意を得ずに秘密録音する場合、裁判例上は録音の手段方法が著しく反社会的でない限り、その録音を民事訴訟における証拠として使うことができるとされています（❶東京高等裁判所判決昭和52年7月15日）。人事担当者が主治医との面談を秘密録音することが「著しく反社会的」と判断される可能性は低いため、録音をしておけば、万一、復職をめぐって休職者との間でトラブルになり、訴訟に発展してしまった場合、その録音を証拠として使うことができるでしょう。しかし、「録音を訴訟で証拠として使うことができること」と「録音が適法であること」とはイコールではありません。上記の裁判例でも、同意のない録音が話者の人格権侵害となり得ることは明らかであるとされています。そうすると、同意を得ずに録音したことについて、万一、主治医が人事担当者を訴えてきた場合、録音は不法行為にあたるとして慰謝料の支払いを命じられる可能性も否定できません。

これらの点を踏まえると、主治医との面談の録音は控え、面談内容の記録は、面談録を作成することによって対応すべきです。

 事業者として復職可否の判断を行う

ここまで説明してきたように、復職について判断するにあたっては

主治医の意見を十分に聴かなければなりませんが、**休職者が復職できる状態かどうかを最終的に判断するのは主治医ではなく事業者です。**そして、復職できるかどうかの判断は、休職者の健康状態だけでなく、業務内容や職場環境も考慮したうえで行う必要があります。**事業者は主治医の意見だけでなく、以下のア～エに挙げるような資料を踏まえて、復職できる状態かどうかを総合的に判断することになります。**

ア　主治医から開示を受けたカルテの内容

　休職者の同意を得て、主治医からカルテを取り寄せることができれば、病状の経過がわかり復職判断に役立ちます。例えば、前述の❼日本漁船保険組合事件は、「復職を試みることが可能」とする主治医の診断書を提出した休職者について復職を認めず退職扱いとした事業者の措置を有効と判断した事案ですが、裁判所は判断の理由の１つとして、主治医が記載したカルテからはむしろ病状の悪化がうかがわれることを挙げています。カルテの取り寄せまでは難しい場合も、休職者のお薬手帳を確認することで、服用中の薬剤の名称や服用量の変化を確認することができます。

イ　産業医や会社指定医の意見や診断結果

　産業医や会社指定医がいる場合は、主治医の判断内容を精査してもらい、また、休職者本人と面談してもらったうえで、職場の状況を踏まえた復職の可否や必要な配慮事項について、産業医や会社指定医の意見を聴くことが適切です。

ウ　リワークプログラムを実施した担当医師の見解

　リワークプログラムとは、医療機関等が提供する職場復帰に向けたリハビリテーションのプログラムです。休職者が休職期間中にリワークプログラムを行っている場合、休職者の同意を得てその資料を医療機関などから取り寄せ、プログラムへの出席率やプログラムにおける

評価結果を確認することが復職判断に役立つことがあります。主治医が就労可能と判断していたにもかかわらず復職を認めなかった事業者の判断を肯定した裁判例の中には、その理由の1つとして、休職中のリワークプログラムへの出席率が低く、プログラム担当医も就労可能なレベルに至っていないと診断していたという事情を挙げるものがあります（⓬東京電力パワーグリッド事件・東京地方裁判所判決平成29年11月30日）。

エ　試し出勤での従業員の状況

　メンタルヘルス不調による休職からの復職の可否を判断するにあたっては、必要に応じて、復職前に1か月程度の期間、試験的に短時間の就業をさせ、安定的に就業できるかを確認することが適切です。このような試験的な就業は「試し出勤」などと呼ばれ、復職の可否の判断材料を得るために実施する事業者が増えています。

　試し出勤は、それを実施しても病状等に悪影響を与えないことを主治医に確認したうえで、最初は午前中程度の短時間の就業から始め、徐々に時間を増やしていく方法で行います。また、復職の可否の判断材料を得るためには、できるだけ復職後に予定している業務と同様の業務を行わせてみることが必要です。そして、そのような業務を行わせる以上は、試し出勤についても賃金を支払うべきでしょう。なお、賃金を支払う場合、傷病手当金に調整が入るケースがあります。この点については試し出勤を行う前に休職者に説明しておくべきでしょう。

　そのうえで、試し出勤の結果については、次ページの点に着目して評価することが適切です。

> **》》 試し出勤の結果についての評価のポイント**
> ・当初予定した時間について予定どおり就業できたか
> ・上司や周囲と必要なコミュニケーションがとれているか
> ・職場でトラブルなく過ごせているか
> ・職場で不穏な言動はないか
> ・身だしなみを整えることができているか
> ・産業医や会社指定医の支援が得られる場合は、試し出勤期間中
> 　に休職者と面談してもらい、そこでの面談結果、診断結果も確
> 　認する

　このうち、「当初予定した時間について予定どおり就業できたか」
を評価できるようにするためには、少なくとも前日までに試し出勤の
開始時刻と終了時刻を明確にしておく必要があります。そのうえで、
予定の開始時刻までに出勤できるか、予定の終了時刻まで就業できる
かを確認することが必要です。

　主治医は就労可能と診断していたものの、試し出勤の期間中に遅刻
したうえに、遅刻をめぐって上司とトラブルを起こして衝動的に早退
し、翌日も体調不良を理由に遅刻した事案では、事業者が試し出勤を
中止して、その後休職期間満了により解雇した措置が有効と判断され
ています（❸NHK名古屋放送局事件・名古屋高等裁判所判決平成30
年6月26日）。一方、休職者が試し出勤の期間中、感染症により1日
休んだほかは遅刻・早退なく出退社できたにもかかわらず、集中力や
コミュニケーション能力の欠如等の問題があるとして復職を認めずに
解雇した事案では、解雇が無効と判断されています（❻綜企画設計事
件）。

　また、試し出勤中の勤怠に問題がなかったものの、期間中の産業医
や指定医との面談の際の休職者の発言や主治医のカルテの記載から、
休職者の躁状態（病的なまでに気分が高揚して、多弁になったり注意
力が散漫になったりする状態）がうかがえ、就労可能であったとは言

110　第2章　復職をめぐるトラブルの円満解決（メンタルヘルス不調の事例を題材に）

えないと判断した裁判例として、❶伊藤忠商事事件（東京地方裁判所判決平成25年1月31日）があります。同様に、試し出勤中の勤怠には問題がなかったものの、試し出勤中に休職者が自分の考えに固執して上司の指導を全く受け入れず、ニヤニヤしたり独り言を言ったりするという不穏な行動があった事案でも、復職を認めず雇用を終了した会社の判断が認められています（❶日本電気事件・東京地方裁判所判決平成27年7月29日）。

　なお、**復職の可否の判断権者が事業者であることは、必ず就業規則にも規定しておくべきです**（163ページの就業規則規定例○条5項参照）。この規定が抜けていると、復職の可否は主治医が判断するものと休職者が誤解してしまう危険があります。その結果、主治医が就労可能と診断しているにもかかわらず事業者が復職を認めなかった場合に、休職者の理解が得られず、トラブルに発展する原因の1つになります。

4　復職の可否を判断する際の正しい進め方　111

5 復職の可否の判断基準

　ここまでの説明で、復職の可否の判断は主治医ではなく事業者が行うものであることや判断の際に参考にすべき資料について理解いただけたと思います。では、事業者は具体的にはどのような基準で復職できる、あるいはできないと判断すべきなのでしょうか。ここからは復職の可否の判断基準を説明していきます。

　結論から言うと、私傷病休職からの復職については、多くの裁判例において、**以下の①から③までのいずれかにあたる場合には、事業者は復職を認める義務がある**とされています（**⑮**日本電気事件など）。

》》 復職の可否の判断基準

① 従前の業務（休職する前に担当していた業務）が通常の程度に行える健康状態にまで回復している場合

② 上記①の程度までは回復していないが、しばらく業務を軽減する期間を設ければ、ほどなく従前の業務が通常の程度に行える健康状態にまで回復している場合

③（職種や業務内容を特定せずに雇用されている従業員については）従前の業務への復帰は困難であっても、その従業員が配置される現実的な可能性のある他の業務であれば勤務可能で、本人もその業務での勤務を申し出ている場合

　この①から③までのいずれかにあたるにもかかわらず復職を認めずに、休職期間満了として、休職者を退職扱いまたは解雇した場合、訴訟になれば、そのような退職扱いまたは解雇は無効と判断されて、事

112　第2章　復職をめぐるトラブルの円満解決（メンタルヘルス不調の事例を題材に）

業者が敗訴することになります。そのため、上記の判断基準をしっかりと理解したうえで、正しい判断をすることが重要です。やや複雑な基準ですが、以下で上記①から③までの判断基準について順に解説します。

従前の業務が通常の程度に行える健康状態にまで回復している場合（判断基準①）

ア　まずは元の職場への復帰が原則

　復職可否の判断にあたっては、まずは①の基準により、「従前の業務」での復職の可否を検討することが必要です。厚生労働省の「心の健康問題により休業した労働者の職場復帰支援の手引き」においても「まずは元の職場への復帰」が原則とされています。そして、ここでいう「従前の業務」とは、休職者が休職前に担当していた業務を指すのが原則です。冒頭の相談事例で、女性社員は、休職の直前に経理部のチームリーダーとして、チーム内の従業員を統率し、かつ、社内の他部署や顧客との折衝を行っていました。そのため、このような業務を通常の程度に行うことができる健康状態にまで回復しているかを判断することになります。

イ　休職前に業務を軽減していた場合の判断の仕方

　実務では、休職者の体調に配慮して、休職に入る前に休職者の業務内容を軽減している場合もあります。例えば、冒頭の相談事例で、女性社員の業務内容が、女性社員の体調不良に配慮して、休職の3か月前から、本来の業務ではなく、難易度の低い計算業務、資料のコピーや書類の受け渡しといった機械的に処理できる業務に変更されていたとします。そのような場合には、復職の可否の判断は、休職直前の軽減された業務ではなく、この女性社員が本来行うべき業務を基準にすべきでしょう。

　ただし、このような短期間の業務軽減にとどまらず、休職前に長期

間にわたり、本来行うべき業務ではなく、単純な事務作業等に従事させていたようなケースについては、裁判例が分かれています。そのような場合でも、休職者が本来行うべき業務を基準に復職の可否を判断すべきであるとした例（❽独立行政法人N事件）がある一方、休職前に担当していた業務を基準に判断すべきとした例（❼日本漁船保険組合事件）もあります。休職前に数年にわたり、本来の業務ができていない状態で就業させていたという事情がある場合は、事業者としてもそのような就業を認めていたと言わざるを得ません。そのため、そのような場合は、本来行うべき業務ができる状態とまでは言えなくても休職前に担当していた業務に復帰できる状態であれば、復職を認めることが、事業者として安全な判断です。本来行うべき業務ができる状態ではないことを理由に復職を拒むと、訴訟になった場合は事業者が敗訴するリスクを負うことになります。

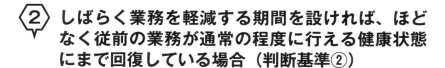

② しばらく業務を軽減する期間を設ければ、ほどなく従前の業務が通常の程度に行える健康状態にまで回復している場合（判断基準②）

　休職者が従前の業務を通常の程度に行える健康状態にまで回復しておらず、したがって判断基準①に照らすと復職できないという結論になりそうな場合であっても、判断基準②に照らして復職を認めるべきかどうかを判断する必要があります。判断基準①だけを検討して復職できないと結論付けてはいけません。業務を軽減しなければならない状態で復職を受け入れることには事業者の負担もありますが、しばらく業務を軽減すれば休職前の業務ができるようになることが見込まれるにもかかわらず休職期間満了による自然退職扱いまたは解雇としてしまうと、訴訟になった場合は、事業者が敗訴する可能性が高いです。

ア　どの程度の配慮が必要か

　この「しばらく業務を軽減する期間を設ければ、ほどなく従前の業務が通常の程度に行える健康状態にまで回復している場合」という基準は、多くの裁判例で共通して採用されている基準です。これまでの裁判例の傾向を踏まえると、**「しばらく」というのは、「復職後３か月間程度」と理解することができます**（❶北産機工事件・札幌地方裁判所判決平成11年９月21日、❽独立行政法人Ｎ事件などを参照）。**また、「業務を軽減する」という点については、復職後３か月間は残業をさせない、または復職後３か月間は簡単な業務を担当させるといった配慮を指すと考えるべきでしょう。**

　この点について、「弊社には残業をしないでこなせる業務がなく、復職後しばらくの間は残業をさせないという条件を守ることは現実的にできません。そのため、復職不可と判断してもよいでしょうか」という質問をいただくことがあります。確かに、職種や業種、職場環境によっては、残業があたりまえの状況になっていることもあります。しかし、残業をせずにこなせる業務がないため、残業ができない状態での復職はさせないという判断は認められない可能性が高いです。裁判例でも、従業員は当然に残業をする義務を負うものではないことや事業者は安全配慮義務として労働時間についての適切な管理が求められていることなどを指摘して、残業ができる状態ではないから復職させないという事業者の主張を認めなかったものがあります（❶キヤノンソフト情報システム事件・大阪地方裁判所判決平成20年１月25日）。

イ　具体的場面での判断の仕方

　以上の理解を前提にすると、冒頭の相談事例で、「復職後３か月間は残業をさせないようにし、必要に応じて本来の業務より軽い業務で就業させれば、４か月目以降は休職前の本来の業務が通常の程度にできることが見込まれる」場合は、復職可能と判断することになります。これに対して、主治医が復職にあたって必要な配慮として「復職

5　復職の可否の判断基準　　115

後半年程度は、折衝や判断を要するものは避けて、ある程度単純な業務にし、業務量は以前の半分程度にする」ことを求めた事案では、配慮を求められる期間が長く、必要な配慮の程度も過大であることから、会社が復職を認めず休職期間満了により解雇したことは有効とされています（❽独立行政法人N事件）。

　このような裁判例からもわかるように、主治医が就労可能と診断したうえで医療照会の回答等で「復職にあたり必要な配慮の内容」を記載している場合も、その内容が「復職後3か月間は残業をさせない、または簡単な業務を担当させる」といった程度を超えるものであるときは、必ずしも事業者として主治医が記載した配慮の内容をそのまま受け入れて復職を認めなければならないわけではありません。まだ復職が可能な状態まで回復していないとして復職を認めない判断をすることも検討すべきでしょう。

配置される現実的な可能性のある他の業務であれば勤務可能で、本人もその業務での勤務を申し出ている場合（判断基準③）

ア　他の業務での復職についての判断基準

　最後に判断基準③の点を確認する必要があります。日本では、特に正社員は、職種や業務内容を特定せずに様々な業務への異動があることを前提に採用されることが一般的です。このような**職種や業務内容を特定せずに雇用された従業員については、休職前の業務への復帰ができなくても、その従業員を配置する現実的な可能性がある他の業務であれば働くことができ、本人もその業務での勤務を申し出ている場合、事業者は復職を認める義務がある**とされています。このような検討が求められるのは、職種や業務内容を特定せずに雇用されたにもかかわらず、休職前にたまたま担当していた業務が何かによって、復職の可否が左右されるのは不合理だという考え方によるものです。そして、従業員を他の業務に配置する現実的な可能性があるかどうかの判

断にあたっては以下の点が考慮されます（⑱片山組事件・最高裁判所
判決平成10年4月9日参照）。

> **❯❯ 他の業務に配置する可能性があるかどうかの判断にあたって
> 考慮される点**
> ・その従業員の能力、経験、地位
> ・事業者の規模、業種
> ・事業者内における従業員の配置・異動の実情、異動の困難さな
> ど

　裁判例においても、休職前に開発部門に配属されていた従業員の復
職判断にあたり、休職前と同じ開発部門では残業が多いとしても、残
業時間が少なく作業計画が立てやすいサポート部門で復職させること
は可能であったと指摘して、復職不可とした会社の判断を否定したも
のがあります（⑰キヤノンソフト情報システム事件）。
　では、管理職の地位にある従業員から、管理職としての業務ができ
るまでの健康状態とは言えないが、一般社員としての業務ならできる
として、一般社員の業務での復職を求められた場合はどうでしょう
か。この点については、⑲帝人ファーマ事件（大阪高等裁判所判決平
成27年2月26日）が参考になります。この裁判例の事案では、管理職
の地位にあった従業員の復職の可否が争われました。裁判所は、この
事案の会社では管理職を一般社員に降格させた事例はなかったことな
どを踏まえると、一般社員に降格させて復職を認めることは現実的に
困難であり、会社として一般社員に降格させての復職を認める必要ま
ではないと判断しました。

イ　他の業務で復職させる場合の注意点
　休職に入る前の業務とは別の業務での復職は、仕事の内容や対人関
係等あらゆる面で変化を伴います。そのような環境の変化がメンタル

5　復職の可否の判断基準　117

ヘルス不調を悪化・再発させる負荷要因となり得る点にも注意すべきです。そのため、厚生労働省の「心の健康問題により休業した労働者の職場復帰支援の手引き」でも、前述のとおり「まずは元の職場への復帰」が原則とされています。

その意味において、メンタルヘルス不調からの復職では、判断基準③により他の業務での復職可能性を実際に検討すべき場面は、「休職前の職場環境が休職者にあっていない場合」や「休職前の業務に運転業務・高所作業等一定の危険がある場合」、「休職前の職場環境や同僚が大きく変わっている場合」などに限られるでしょう。また、休職前に行われた異動がきっかけとなって精神疾患を発症したケースでも、新しい職場にうまく適応できなかった結果である可能性が高いため、適応できていた以前の職場に復職させるか、他の適応可能と思われる職場での復職を検討する必要があります。

そして、このように休職に入る前とは別の業務での復職を検討する場合は、以下の2つの点に注意してください。まず、**別の業務での復職が新たな負荷要因となり、メンタルヘルス不調を悪化・再発させるおそれがないかという点について、必ず、事前に主治医の意見を聴かなければなりません。**このことは、別の業務での復職が休職者の希望によるものであったとしても同じです。次に、**休職に入る前とは別の業務での復職を検討するとしても、できるだけ休職者が過去に経験したことがある業務の中から検討することが適切です。**全く未経験の業務に配置することは負荷が大きく控えるべきことが多いでしょう。裁判例にも「精神的領域における疾病で休職していた場合には、職場復帰するときに新たな業務ではなく、従前経験していた業務に復職させるのが相当と考えられる」と判示している例が見られます（**⓭**NHK名古屋放送局事件）。

6　主治医の診断内容ごとの注意点

　主治医が作成した診断書の内容や医療照会に対する主治医の回答を確認する際も、112ページの①から③までの復職の可否の判断基準を踏まえた検討が必要です。以下では比較的よくあるパターンを例に、診断書等を確認する際の注意点を説明したいと思います。

ア　「昼間に軽度の眠気が出現するが就労可能」と書かれた場合

　厚生労働省の「心の健康問題により休業した労働者の職場復帰支援の手引き」には、職場復帰可否の判断基準の一例として「昼間に眠気がない」という基準が挙げられています。しかし、これは昼間に眠気がある場合に、その程度を問わず、一律に職場復帰の基準を満たさないという趣旨ではありません。

　主治医の診断書や医療照会に対する回答書に「昼間に軽度の眠気が出現するが就労可能」と書かれた場合、それが健康な人にも生じ得る自己コントロール可能な程度の眠気であれば、通常は、112ページの判断基準①の**「従前の業務が通常の程度に行える健康状態にまで回復している場合」にあたり、事業者には復職を認める義務があります。**眠気が危険をもたらすような職種でない限り、昼間に軽度の眠気が生じるからといって、雇用契約において求められる就業ができない状態とは言えません。

　78ページでご紹介した❶アメックス（休職期間満了）事件は、主治医の情報提供書に「軽度日中の眠気が出現する」と記載があった事案ですが、裁判所は、復職不可とした会社の判断を認めず、会社を敗訴させています。また、別の裁判例では、試し勤務において休職者が居

眠りをしていたという事情があっても、その居眠りがほどなく解消したことを踏まえれば、そのこと自体は就労不能と評価すべきものではないと判示されています（❶日本電気事件）。

イ　「就労可能。ただし、配置転換等環境面の配慮が不可欠」と書かれた場合

表題のように「環境面の配慮」を条件に就労可能とする主治医の診断書が提出される例も少なくありません。このような診断書が提出される背景として、休職者が職場環境に不満を持っており、復職にあたり、例えば以前の上司との接触がない環境を求めているといった事情があることもあります。「配置転換等環境面の配慮が不可欠」などと書かれている部分は、主治医の意見というよりは、休職者の希望を書いたものにすぎないということもあるでしょう。

しかし、だからといって、このような診断書が不合理であり、信用に値しないとして、復職不可と判断してよいわけではありません。裁判例にも、適応障害による休職者の復職の可否が問題になった事案において、主治医が「職場内での環境調整が必要」との意見を述べたことは、主治医が適応障害の発症のきっかけが職場環境にあると認識していたこと等からすれば何ら不自然なことではなく、就労可能とした主治医の診断の信用性は否定されないと判断した例があります（❷神奈川SR経営労務センター事件・横浜地方裁判所判決平成30年5月10日）。

表題のような診断書が提出された場合も、事業者は、112ページの①から③までの判断基準によって復職の可否を判断する必要があります。特に判断基準②に関連してどの程度の配慮が必要なのか、判断基準③に関連して配置転換の現実的な可能性があるのかといった点が問題になるでしょう。そしてこれらの点を検討するためには、**主治医が診断書に記載した「環境面の配慮」について、その具体的内容を医療照会や主治医との面談で主治医に確認する必要があります。**また、その際にはそのような配慮が必要となる理由も併せて確認すべきです。

120　第2章　復職をめぐるトラブルの円満解決（メンタルヘルス不調の事例を題材に）

例えば、100ページの**書式3**の7の質問を以下のように変更して照会するのがよいでしょう。

> **環境面の配慮に関する主治医への確認の文例**
>
> 　上記患者の復職にあたり会社として何らかの配慮が必要な場合、必要な配慮の内容と配慮が必要な期間についてご教示ください。〇月〇日付の診断書では「配置転換等環境面の配慮が不可欠」と記載いただいていますが、具体的にどのような配慮がどの程度の期間必要かもご教示ください。また、そのような配慮が必要となる理由についてもご教示ください。

　さらに、「配置転換等環境面の配慮が不可欠」というのは、配置転換を必須とする趣旨なのか、そうではないのかについても確認が必要です。そして、これらの確認に対する主治医の回答を踏まえて、主治医が求める配慮の内容に合理性があるのか、また事業者として現実的に対応可能なものかといった点を検討しなければなりません。

　仮に、照会に対する主治医の回答が、休職者が仕事上の対人関係全般について精神的な負担と感じるところが大きいという趣旨のものであれば、事業者が配慮したとしても、復職後の精神状態の負担が軽減されるとは限りません。したがって、復職は難しいという判断になるでしょう。また、主治医の回答が、配置転換を必須とする趣旨であり、かつ、事業者として配置転換の現実的可能性がないという場合も、復職は難しいという判断になるでしょう。

ウ　「就労可能。ただし、当分の間在宅勤務とすること」と書かれた場合

　コロナ禍で在宅勤務が普及して、表題のような診断書が作成される例も増えました。

　令和7年4月1日施行の改正育児・介護休業法（育児休業、介護休業等育児又は家族介護を行う労働者の福祉に関する法律）では育児・

6　主治医の診断内容ごとの注意点　121

介護をする従業員に対し一定の場合に在宅勤務等を認めることが努力義務となります。従前は例外的な勤務形態であった在宅勤務ですが、「在宅勤務の権利化」が徐々に進んでいると言えます。そのため、今後は表題のような診断書が作成されることが益々増えるかもしれません。

　表題のような場合についても、112ページの①から③までの判断基準に即して考える必要があります。また、自社において在宅勤務がどのような位置付けになっているのかという点も踏まえた検討が必要になります。

㈠　就業規則に在宅勤務に関する規定がない場合

　最初に就業規則に在宅勤務に関する規定がない場合について考えてみましょう。上記のような時代の流れがあるとはいえ、自社の事業内容が在宅勤務に適さない等、様々な理由で今後も就業規則に在宅勤務に関する規定を設けない事業者も多いでしょう。

　そのような事業者において表題のような診断書が休職者から提出された場合、まず、当分の間は在宅勤務でなければ働けないという状態が、判断基準①の「従前の業務が通常の程度に行える健康状態にまで回復している場合」にあたるかどうかが問題になります。この点については、休職前は出社して働いていたということであれば、在宅勤務でなければ働けないという状態は、通常は「従前の業務が通常の程度に行える健康状態」とは言えません。

　次に、判断基準②の「しばらく業務を軽減する期間を設ければ、ほどなく従前の業務が通常の程度に行える健康状態にまで回復している場合」にあたるかどうかを検討します。この点についても、在宅勤務の制度がない事業者においては、出勤は労働者の最も基本的な義務の１つであることを踏まえると、在宅勤務を認めてほしいというのは、判断基準②でいう「業務の軽減」以上のことを事業者に求めるものだと言えるでしょう。在宅勤務でなければ働けないという状況は、雇用契約において求められる就業とのへだたりが大きく、判断基準②で復

122　第2章　復職をめぐるトラブルの円満解決（メンタルヘルス不調の事例を題材に）

職が認められる場合にもあたらないと考えるべきでしょう。

さらに、判断基準③の「従前の業務への復帰は困難であっても、その従業員が配置される現実的な可能性のある他の業務であれば勤務可能で、本人もその業務での勤務を申し出ている場合」にあたるかどうかを検討します。これについても、休職明けに休職前と別の業務を、事業者による就業状況等の把握が困難になりやすい在宅勤務で行うということは、現実的な可能性がないことが通常でしょう。

したがって、**就業規則に在宅勤務に関する規定がない場合において表題のような診断書が提出されたときは、事業者として復職を認めるべき法的義務まではないことが多いと考えられます。**在宅勤務の制度がない事業者では、出社して働くことが雇用契約の内容になっており、休職者への配慮として在宅勤務での就業を認める法的義務は通常ありません。

(イ)　就業規則上、休職者に在宅勤務を認めるべき義務がある場合

一方で、就業規則に在宅勤務に関する規定を設けている事業者も多いと思います。また、前述の法改正を受けて、育児・介護をする従業員について、在宅勤務を権利として認める事業者も増えるでしょう。

自社の就業規則に在宅勤務に関する規定がある場合、まずは在宅勤務が従業員の権利とされているのか、それとも許可制とされているのかをよく確認する必要があります。そのうえで、自社の就業規則に照らすと、在宅勤務が従業員の権利であり、事業者として在宅勤務を認めるべき義務があるような場合は、在宅勤務であれば就労可能と診断されている以上、判断基準①の「従前の業務が通常の程度に行える健康状態」にまで回復していると判断すべきケースが多いでしょう。そのようなケースでは、事業者には復職を認めるべき義務があります。

(ウ)　就業規則に在宅勤務に関する規定はあるが許可制の場合

それでは自社の就業規則に在宅勤務に関する規定はあるものの、在宅勤務にあたり事業者の許可が必要とされている場合はどうでしょう

6　主治医の診断内容ごとの注意点　123

か。

　結論から言えば、この場合は、休職前から在宅勤務が許可されていたといった事情がない限り、事業者が在宅勤務による復職を認める義務まではないと判断すべき場合が多いと考えられます。

　許可制の場合、在宅勤務は原則禁止とされており、事業者が許可した場合にのみ例外的に認められるものとして位置付けられています。在宅勤務が原則禁止である以上、在宅勤務であれば就労可能と診断されたとしても、判断基準①の「従前の業務が通常の程度に行える健康状態にまで回復している場合」にあたるとは言えません。また、例外としての在宅勤務を許可することが判断基準②の「業務の軽減」として事業者に要求されているとも言えないでしょう。さらに、在宅勤務が原則禁止とされている以上、在宅勤務による業務を判断基準③の「従業員が配置される現実的な可能性のある他の業務」と評価することもできません。

エ　「就労可能。当分の間は1日6時間程度の勤務とすること」と書かれた場合

　では、表題のような診断書が出された場合はどうでしょうか。

　雇用契約上、1日8時間勤務の従業員について表題のような診断書が出された場合、当分の間は雇用契約において求められる時間数の就業ができない状態です。そのため、まず、112ページの判断基準①の「従前の業務が通常の程度に行える健康状態にまで回復している場合」にはあたりません。

　また、判断基準②の「しばらく業務を軽減する期間を設ければ、ほどなく従前の業務が通常の程度に行える健康状態にまで回復している場合」にあたるかどうかについても、**上記の診断内容では、復職当初短時間勤務の措置をとれば、3か月程度で本来の時間数の勤務ができるようになるのかが不明です。**主治医に医療照会をしたうえで、101ページの**書式3の7(3)**の質問に対する回答などにより、この点を確認する必要があります。3か月程度で本来の時間数の勤務ができるよう

124　第2章　復職をめぐるトラブルの円満解決（メンタルヘルス不調の事例を題材に）

になる見込みであることが確認できなければ、復職できる状態ではなく、少なくとも事業者が復職を認める法的義務はないと考えられます。

　裁判例としては、主治医が産業医宛の書簡で「現場復帰の見通し：近日中に可能と存じます。」などと記載しつつ、「トライアル出社の方法としては、午前中、午後2～3時、定時までと、徐々に勤務時間を延長していただくことが望ましい。」と記載した事案について、定時勤務ではなく時短勤務から開始するのが相当であると指摘しているのだから、せいぜいトライアル出社ができる程度に病状が安定しているという判断にすぎず、雇用契約に基づく労務提供ができる程度に病状が回復したと判断していたわけではないことは明らかであると評価した例があります（❶伊藤忠商事事件）。この裁判例では復職不可と判断した会社の判断が訴訟でも認められています。また、これとは別に、主治医が「復職が可能であるが、初めの3か月間は短時間勤務、軽度業務とすべきである」旨診断した事案について、「3か月の業務軽減により、通常業務への復帰が可能とどの程度見込まれるのかといった点の所見は不明といわざるを得ない」と評価して、事案の結論としても復職不可とした法人の判断を認めた例があります（㉑長崎地方裁判所判決令和元年12月3日）。

オ　「本人にとって軟着陸と感じられる方法であれば就労可能」と書かれた場合

　裁判例では、表題のような診断書が作成されている事案も見られます（㉒郵船ロジスティクス事件・東京地方裁判所判決令和4年9月12日）。このような診断の場合、「本人にとって軟着陸と感じられる方法」とはどのような方法を指すのかを、主治医に確認する必要があります。**「休職者が納得する方法でなければならない」という意味であれば、そもそも就業は一定の負荷を伴うものであることを踏まえると、従業員の納得の有無によって就労の可否が決まるという状態は、雇用契約において求められる就業ができる状態まで回復しているとは**

評価できないでしょう。その場合、判断基準①から③までのどれにもあたりません。そのような状態での復職は認めるべきではありません。

カ　主治医の診断が休職期間満了直前に変更された場合

　事業者が主治医の診断について疑問をもつ典型的なケースとして、休職期間満了の直前まで就労不可と診断されていたにもかかわらず、休職期間満了のぎりぎりになって就労可能という診断書が出てくるというパターンがあります。このような休職期間満了直前の診断の変更について違和感を抱くことは理解できます。しかし、**一般論としては、休職期間満了の直前に症状が変化することもあり得ることであり、休職期間満了直前に診断が変更されたという事情だけをもとに主治医の診断書を信用できないものと扱うことはできません。**

　このような場合の事業者の疑問は、医学的な判断により診断が変更されたのではなく休職期間満了による退職を避けるために診断が変更されたのではないかという点でしょう。そうであれば、その点を正面から主治医に確認することが必要です。101ページの**書式３の９**でこの点に関する質問を入れています。さらに、休職者の服薬状況や、休職者に関するカルテの記載が、診断の変更と整合するかどうかについても確認が必要です。例えば、診断が就労可能と変更されたにもかかわらず、薬の服用量はむしろ増えているとか、カルテでは症状の悪化を示す記載があるという場合、診断との整合性を主治医に確認する必要があります。

　85ページで紹介した❺コンチネンタル・オートモーティブ事件は、休職期間満了直前の診断の変更について主治医に事情を確認したところ、主治医が「医師としては制限勤務とすべきと思っているが、それでは会社から就労可能でないと判断されてしまうこともあり、本人から通常勤務は問題ないと書くよう希望されたため、そのように書いた」と回答した事案です。裁判所は、この主治医の回答を踏まえ、診断の変更は退職を避けたいという休職者の意向が強く影響していると評価し、復職不可とした会社の判断を正当と認めています。

キ　傷病手当金の請求書での記載と矛盾する診断がされた場合

　休職期間中、休職者は、健康保険からの傷病手当金を受給することも多いです。この健康保険の傷病手当金は、私傷病で就業できない労働者に対して支給されるものであり、受給するためには就業できない状態であることについて医師の証明が必要です。

　主治医が健康保険の傷病手当金の請求書では就労不能と書いている一方で、同時期に復職手続のために事業者に提出した診断書では就労可能と書いているという例もあります。このように、事業者に提出された診断書の内容が、傷病手当金の請求書での記載と矛盾する場合はどう扱うべきでしょうか。

　この点については、裁判例においても、診断書の内容が傷病手当金の請求書での記載と矛盾していることを、主治医の診断の信用性を否定する事情として指摘するものがあります（㉓SBSファイナンス事件・東京地方裁判所判決平成27年12月16日）。しかし、一方で、復職手続において主治医が診断書を作成する場面と、健康保険の傷病手当金を受給するために傷病手当金請求書に就労不能と記載する場面では、利益状況が全く異なるから、一見矛盾する内容になっていたとしても、復職手続における主治医の診断書の信用性は失われないとした例もあります（❶アメックス（休職期間満了）事件）。**傷病手当金の請求書での記載と矛盾する診断がされているという事情だけを理由に、就労可能とした主治医の診断を信用できないものと扱うべきではありません。**

7　復職を認めない場合の円満解決の方法

　ここまで復職可否の判断の概要を説明しました。多くの裁判例は、主治医は休職者を継続的に診察してその症状の推移を最もよく知る立場にあり、主治医の判断は、復職の判断において、特段の事情がない限り、尊重されるべきであるという考え方に立っています。その意味で、**主治医が就労可能と診断している場合は、復職を認めるべきことが原則と言えるでしょう。**例えば、主治医が就労可能と診断しているにもかかわらず、事業者が、復職後の就業に対する漠然とした不安感などから、特段の根拠なく復職を一方的に拒んで休職期間満了による自然退職とするといったことは法的にも認められません。

　しかし、実際には、主治医が就労可能と診断していても、事業者として復職を認めるべきではないと思われるケースや、実情に照らして復職を認めることが難しいケースも少なくありません。そのようなケースとして、「まだ復職できる健康状態ではないにもかかわらず主治医が休職者の意向をくんで就労可能と診断してしまっている例」や「主治医が就労可能と診断しながらも不合理・過大な配慮を事業者に求める例」などがあります。また、これとは別の問題として、「休職者が、休職前から職場内での協調性などに問題があったいわゆる問題社員であり、その復職について職場内での拒否感が強く、復職を認めることが難しい例」もあります。このような場面では、主治医が就労可能と診断しているにもかかわらず事業者が復職を認めないことについて、休職者の納得を得にくく、紛争化しやすいです。そこで、以下では、事業者として復職を認めない場合でも、訴訟を避け、円満に解決する方法を解説します。

主治医が就労可能と診断しているのに復職を認めない場合は話合いでの解決が基本

ア　話合いでの解決を目指すべき理由

　従業員が復職を求めている場面で、事業者として、休職者が復職できる健康状態にないと判断したときであっても、休職期間満了までまだ期間が残っているのであれば、休職命令を継続して、治療を続けさせることになります。

　これに対して、既に休職期間満了が近い段階に至っている場合、多くの就業規則において休職期間満了までに復職できないときは自然退職または解雇になることが定められています。そのため、この段階で事業者が復職を認めない判断をすることは、雇用の終了に直結し、休職者との間で紛争になる可能性も高いです。このような場面で、**主治医が就労可能と診断しているにもかかわらず事業者として復職を認めずに雇用を終了するという判断をするのであれば、休職者と話合いをして合意退職により解決すべきです**。このように言うと「事業者として復職不可と判断したのであれば、就業規則に基づき、休職期間満了による自然退職とすればよいのではないか」と思う読者もいると思います。しかし、筆者としては、以下の点から、一方的に自然退職として処理するのではなく、話合いによる解決をおすすめします。

▶**理由１：長期の訴訟による事業者の負担が大きいこと**

　理由の１つ目として、休職者を自然退職とした場合、休職者が退職扱いは不当であるとして訴訟を起こす例が少なくありません。その場合、訴訟における勝敗にかかわらず、事業者の負担は大きいものになります。自然退職とされた休職者が事業者に対して雇用が終了していないことの確認を求める訴訟を「地位確認請求訴訟」と言います。このような訴訟を起こされた場合、訴訟の期間は第一審だけでも２年近くに及ぶことが多いです。事業者側の訴訟対応は、通常は弁護士に依頼することになりますが、弁護士にまかせておけば事業者は何もしな

くてもよいというわけではありません。訴訟の期間中、事業者は、依頼した弁護士からの事情聴取に応じたり、弁護士からの求めに応じて資料を集めたりする必要があり、大きな労力を割かなければなりません。さらに、職場内の関係者が裁判所で証言しなければならないケースがあり、その場合は自社の従業員の協力を求める必要があります。そして、長期の訴訟になるため、事業者が負担しなければならない弁護士費用も安いものではありません。

▶理由２：敗訴リスクがあること

　理由の２つ目は、事業者に敗訴リスクがあることです。前述の地位確認請求訴訟が起こされた場合、休職期間満了の時点で従業員が就労可能な健康状態だったかどうかが、最も重要な争点になります。そして、医療の専門家である主治医が就労可能と判断した診断書は、従業員側に有利な証拠になります。事業者が具体的な医学的根拠を示さずに、主治医の診断に疑問があると主張するだけでは、裁判所では主治医の診断が採用され、敗訴する可能性が高いです。主治医の診断を否定するためには、産業医など別の医療専門家からの意見を聴いておくことが必要です。しかも、仮に産業医が「就労可能な健康状態とは言えない」という意見であったとしても、裁判所がその意見を採用するとは限りません。「復職できる状態ではない」という事業者の判断が、後日、判決で否定され、事業者が敗訴する可能性もあります。

▶理由３：敗訴した場合の負担が大きいこと

　理由の３つ目は、敗訴した場合の事業者の負担が大きいことです。地位確認請求訴訟において、事業者が「復職できる状態ではない」として雇用を終了したことが誤りだったと判断されると、その従業員との雇用契約が続いていることを判決で確認されます。その結果、事業者は、訴訟を経て信頼関係が壊れてしまった従業員との間で、復職に向けた協議をせざるを得なくなります。また、判決により、事業者の雇用終了の判断が誤りだったと判断されると、従業員は事業者の誤っ

た判断により働けなかったということになります。その結果、事業者は従業員に対し、事業者の誤った判断により働けなかった期間の賃金を、自然退職扱いにした時期にさかのぼって支払うことが命じられます。これは「バックペイ」と呼ばれます。前述のとおり、地位確認請求訴訟は第一審だけでも2年近くに及ぶことが多いです。そのため、敗訴した場合に事業者が支払わなければならないバックペイの金額も、賃金の2年分を超え、中小企業でも1,000万円を超えることがまれではありません。このように、事業者が敗訴した場合、従業員に多額の金銭を支払うことになります。

　これらの理由から、事業者として復職を認めないという判断をする場合であっても、まずは話合いによる合意退職を目指すべきです。**休職期間満了で自然退職として処理することは、合意退職ができない場合の最後の手段と考えておくべきでしょう。**

イ　話合いに先立って医療照会や復職可否の検討が必要な理由

　このように話合いでの解決が基本であると説明すると「復職不可と判断した場合であっても話合いによる合意退職を目指すのであれば、休職者が復職を希望した後、医療照会をして復職の可否を検討するなどという面倒な手順を経ずに、最初から退職に向けた話合いをすればよいのではないか」と思う読者もいるかもしれません。

　しかし、結論から言えば、そのような考え方は誤りです。なぜなら、まず、主治医が就労可能と診断している場合は、復職を認めるべきことが原則です。十分に検討せずに退職の方向で考えること自体適切ではありません。主治医が就労可能と診断しているのに合意退職による解決を検討すべき場面としては「まだ復職できる健康状態ではないにもかかわらず主治医が休職者の意向をくんで就労可能と診断してしまっている例」や「主治医が就労可能と診断しながらも不合理・過大な配慮を事業者に求める例」などがありますが、これらの場面にあたるかは主治医への医療照会等を経てはじめてわかることです。復職

7　復職を認めない場合の円満解決の方法　131

できる可能性について十分な検討もせずに、退職に向けた話合いをすべきではないのです。

　また、事業者として十分な検討もせずに退職に向けた話合いをしたとしても休職者の納得を得られる可能性は非常に低いです。就労可能という主治医の診断書がある以上、休職者は復職できるものと期待しています。このような状況で、人事担当者の印象等のみを根拠として復職できる状態とは思えないから合意退職してほしいなどと言っても、休職者の納得を得ることはできません。むしろ、休職者との関係が悪化してその後の対応が難しくなってしまいます。

　さらに、医療照会や復職の可否の検討という手順を経ずに退職を求めることが休職者に対する不法行為にあたると判断される可能性もゼロではありません。裁判例の中にも、運送会社が、その雇用する乗務員が精神障害等級3級の認定を受けていることや、うつ病で通院、服薬治療していることを知り、退職するよう求めたという事案があります。この事案で裁判所は「その病状の具体的内容、程度は勿論、主治医や産業医等専門家の知見を得るなどして医学的見地からの業務遂行に与える影響の検討を何ら加えることなく、退職勧奨に及んだものといわざるを得ない」として、退職を求めたことは違法であると判断し、運送会社に賠償を命じました（❷中倉陸運事件・京都地方裁判所判決令和5年3月9日）。メンタルヘルス不調による休職者について健康状態が十分に回復していないとして退職に向けた話合いをする場合についても、医学的見地からの検討を全くせずに退職に向けた話合いをすることは違法と判断される可能性が否定できません。

　したがって、**結果としては話合いによる合意退職が望ましいという結論になる場面であったとしても、医療照会や復職の可否の検討という手順を省略すべきではないのです。**

合意退職に応じてもらう方法

　適切な検討をしたうえで事業者として復職を認めるべきではないと思われるケースについて話合いで退職をしてもらうには、休職者との間で退職について合意に至る必要があります。それでは、どのように進めていけば合意が得られるのでしょうか。ここでは、まず、①まだ復職できる健康状態ではないにもかかわらず主治医が休職者の意向をくんで就労可能と診断してしまっているケースや、②主治医が就労可能と診断しながらも不合理・過大な配慮を事業者に求めているケースについて説明したいと思います。これらのケースは112ページの判断基準①から③までに照らしても復職できる健康状態ではないと判断される可能性が高いケースです。

ア　休職者から丁寧なヒアリングをする

　話合いにより問題を解決するための前提として、休職者との間で一定の信頼関係を築いて、話合いをするための土台を作っておく必要があります。そのためには、休職期間中の適切な対応が重要になりますが、この点は157ページで後述します。

　そして、**休職者から復職希望の申出があったときは、事業者の人事担当者と休職者とが面談をすることになります。この復職面談で、人事担当者は休職者から丁寧なヒアリングを行うことが必要です。**例えば、以下の点についてヒアリングすべきでしょう。

> **》 復職面談でのヒアリング事項の例**
> ・現在の症状
> ・治療状況、通院状況
> ・薬の服用状況、副作用の有無
> ・適切な睡眠覚醒リズムが整っているか、昼間に眠気がないか

7　復職を認めない場合の円満解決の方法　133

・日常生活の状況、特に日常生活における業務と類似した行為の遂行状況とそれによる疲労の回復具合（例えば一定の時間集中して読書やパソコン操作ができるようになっているか、軽い運動等ができるようになっているか）
・家事・育児、趣味活動等の実施状況
・一人で安全に通勤ができそうか
・家族による支援状況、復職についての家族の意向
・主治医は復職についてどのように言っているのか
・今後の治療の見込み
・復職が認められた場合に復職後に必要な配慮の内容

　このときに、**人事担当者は、中立的・客観的な立場から復職できるかどうかを判断する姿勢で対応することが重要です。**また、復職面談を行う担当者の人選にも慎重を期すべきです。例えば、休職者とその上司との関係が悪い場合は、復職の面談に上司は同席すべきではないでしょう。できるだけ休職者が中立的・客観的な立場であると受け取るような人が面談を行うべきです。

　そして、事業者が復職は困難だという印象を持った場合も、十分な検討をしていない状況でいきなり復職が認められないことをほのめかすような言動はするべきではありません。そのようなことをすると、休職者は「会社は自分を退職させたいだけだ」「自分の話なんてまともに聴く気がない」といった印象を持つことになります。そうなると休職者との話合いが難しくなってしまいます。

イ　休職者の本音を聴き出す

　このように丁寧なヒアリングをしたうえで、**「なぜ復職したいのか」という休職者の本音を聴き出すことが重要です。**①まだ復職できる健康状態ではないにもかかわらず主治医が休職者の意向をくんで就労可能と診断してしまっているケースや、②主治医が就労可能と診断しな

がらも不合理・過大な配慮を事業者に求めているケースは、要するに
まだ健康状態が十分回復していないケースです。このようにまだ健康
状態が十分回復していないにもかかわらず休職者が復職を希望してい
る場合、その理由があるはずです。その理由ないし休職者の本音を把
握したうえで、話合いを進める必要があります。**例えば、㋐休職者が
復職できる健康状態であると誤認している場合、㋑休職者が自分では
なく職場環境に問題があると思っている場合、㋒本音では復職できる
健康状態ではないとわかっているが、退職後の生活に不安を抱えてい
るため無理に復職しようとしている場合などがあります。**以下で順に
見ていきましょう。

㋐　復職できる健康状態であると誤認している場合

①　誤認が生じる理由

　休職者が、復職できる健康状態であると誤認している場合がありま
す。客観的に見ると復職できない健康状態であり、休職者の認識にゆ
がみがあるケースです。

　例えば、主治医の診断書に、以下のように記載されていたとしま
す。

> 　就労可能。ただし、復職後半年程度は、折衝や判断を要するも
> のは避けて、ある程度単純な業務にし、業務量は以前の半分程度
> にするなどの配慮が必要である。

　休職期間満了が近づくと休職者にもあせりの気持ちが出てきます。
休職者がなんとか体調を回復させて復職したいと考えている場合、こ
のような診断書を見れば、冒頭の就労可能という自分にとって都合の
よい部分のみに目が行き、復職できると思ってしまう可能性は高いで
す。条件付きではあるものの、専門家である主治医が就労可能と一応
書いているのですから、休職者が誤った認識を持つのもわからなくも
ありません。

7　復職を認めない場合の円満解決の方法　135

②　過大な配慮はできないことを率直に伝える

　しかし、上記の診断書に書かれているように、半年程度の間、業務量を半分にしなければならず、しかも業務内容にも制限が生じるというのでは、雇用契約において本来求められる就業ができる状態とは到底言えません。裁判例上も、事業者として求められる配慮は「復職後３か月間は残業をさせない、または簡単な業務を担当させる」といった配慮を指し、半年程度の間、業務量を半分にするといった配慮まで義務付けられるものではありません。多くの事業者では、上記の診断書に記載されたような条件を守ることは現実的に困難でしょう。また、仮に条件を守ることが可能だとしても、このような大幅な配慮を要するような健康状態は、要するにまだ復職できない健康状態です。それにもかかわらず復職させることは、事業者の安全配慮義務の観点から適切ではありません。合意退職により円満に解決するためには、まず、そのような事業者の理解をできるだけ丁寧に休職者に説明する必要があります。

　例えば、冒頭の相談事例の女性社員から上記の診断書が提出された場合を想定すると、人事担当者は以下のような話し方をすることが考えられます（162ページの就業規則規定例○条２項のように就業規則で復職の基準を定めている場合を想定した例です）。

　─・話し方の例

　診断書には「復職後半年程度は、折衝や判断を要するものを避ける」ようにと記載されています。ですが、会社においてそのような配慮をすることは難しいというのが正直なところです。休職前に○○さんが担当していた経理部チームリーダーの業務は、正確性、期限の厳守、折衝能力などが求められる高度なものでした。折衝や判断が必要ない業務というのは、休職前の○○さんの業務にはなかったのではないでしょうか。主治医は、「半年程度は、折衝や判断を要するものを避ける」ようにと記載しています

136　第2章　復職をめぐるトラブルの円満解決（メンタルヘルス不調の事例を題材に）

が、これは、要するに、〇〇さんの健康状態が現時点で休職前に行っていた業務ができる状態にまで回復したとは言えないという判断です。就業規則に定められた復職の基準にも達していません。無理をして復職をすると病状が悪化してより深刻な事態になってしまいます。会社として検討しましたが、無理して復職するのではなく、退職したうえで傷病手当金を使いながら、治療に努めてほしいと考えています。

　このように、**主治医の就労可能という判断は、事業者として通常求められる程度を超える配慮が前提になっており、自社の実情を踏まえても主治医が求めるような配慮はできないことを説明することがポイントです**。あわせて就業規則の条文を示して、就業規則で定められた復職の基準にも達していないことを説明すべきです（162ページの就業規則規定例〇条2項参照）。そのうえで、通常求められる程度を超える配慮が必要な状況は要するに健康状態がまだ十分に回復していないことを意味しており、無理して復職しても問題解決にならないことを休職者に理解してもらう必要があります。

③　「手引き」の判断基準も参照する

　そのほか、説得の材料として、厚生労働省の「心の健康問題により休業した労働者の職場復帰支援の手引き」に例示されている以下の判断基準を示しながら、このような判断基準に照らしても、就労可能な段階とは言えないことを説明することが考えられます。その場合、101ページの**書式3**の8における主治医の回答内容も踏まえて、休職者にまだ復職できる健康状態まで回復していないことを説明するとよいでしょう。

■厚生労働省が「心の健康問題により休業した労働者の職場復帰支援
の手引き」であげる判断基準の例

・労働者が十分な意欲を示している
・通勤時間帯に一人で安全に通勤ができる
・決まった勤務日、時間に就労が継続して可能である
・業務に必要な作業ができる
・作業による疲労が翌日までに十分回復する
・適切な睡眠覚醒リズムが整っている、昼間に眠気がない
・業務遂行に必要な注意力・集中力が回復している

　さらに、産業医がいる場合は、産業医面談を行ったうえで、産業医
の意見を説得材料にすることも考えられます。

④　合意による退職の場合は会社都合退職とすることを提案する

　このように話したうえで、事業者としては休職期間満了日で合意に
よる退職をしてほしいと考えていること、合意による退職の場合は事
業者による退職勧奨を理由とする退職として扱い、会社都合退職とす
ることを提案するとよいでしょう。

　会社都合退職としても、原則として事業者に経済的な負担が生じる
ことはありません。ただし、雇用関係の助成金を利用している事業者
においては、会社都合退職者を出すと、一定期間、助成金の受給に制
限が生じることがあり、注意が必要です。また、特定技能の在留資格
で就業する外国人を雇用しようとする場合、1年以内に会社都合退職
者がいると、雇用に制限が生じることがあります。

⑤　休職者に与える心理的負荷に注意する

　このようなケースでは、退職に向けた話合いをすることが休職者に
与える心理的負荷も気になるところです。厚生労働省の「心理的負荷
による精神障害の労災認定基準」でも、「退職の強要」が精神疾患を
発症させ得る負荷要因の1つとして挙げられています。本書でおすす

138　第2章　復職をめぐるトラブルの円満解決（メンタルヘルス不調の事例を題材に）

めするような話合いによる解決は「退職の強要」ではありません。ま
た、筆者としては、何も話合いをしないで一方的な通知により自然退
職扱いとする冷たさに比べれば、退職に向けて適切な話合いをするほ
うがよほど温かみがあると思います。しかし、念のため、伝え方を工
夫して、休職者に過度な心理的負荷を生じさせないように最大限気を
配るべきでしょう。

　強引な説得をしなくても、休職者がスムーズに退職に応じてくれる
ようにするためには、休職期間中の対応も重要です。休職開始のタイ
ミングで休職期間満了の時期や復職の判断基準について正確な説明を
すること、休職中は休職者の負担にならないように配慮しつつ電話や
面談でコミュニケーションをとって復職を支援する姿勢で臨むこと、
休職期間が終わりに近づいても復職の目途が立たない場合は早めに伝
えて復職ができない可能性についての心の準備をさせることなどがポ
イントになります。

(イ)　休職者が自分ではなく職場環境に問題があると思っている場合

①　ミスマッチの観点から転職を勧める
　客観的に見て復職が難しい健康状態であるにもかかわらず、休職者
が復職を希望するケースの中には、復職が難しいのは職場環境のせい
であると休職者が考えている例もあります。つまり、休職者が本音の
部分で「復職が難しいのは職場環境が原因であり、自分が退職しなけ
ればならない理由はない」と考えているケースです。主治医の診断書
にも、例えば以下のように記載されることがあります。

> 復職復帰は可能である。ただし、会社が信頼回復のための努力を
> すること

　客観的に見ると復職できない健康状態であるにもかかわらず、休職
者は健康状態の問題ではなく職場環境の問題であると誤認している状
況であり、その意味では、(ア)の「復職できる健康状態であると誤認し
ている場合」のパターンの1つとも言えます。ただし、この場合、単

7　復職を認めない場合の円満解決の方法　139

に自身の健康状態について誤認しているだけにとどまらず、事業者側に責任があると休職者が考えている点で、合意退職に向けた説得はより困難になります。では、どのように対応していけばよいでしょうか。

　上記のような診断書が提出される場面では、休職者が職場環境に不満を持っており、職場環境がメンタルヘルス不調の原因になっていると考えているケースも多いです。職場環境に実際に問題があるのであれば、それを改善しなければならないことは当然ですが、特段の問題のない職場環境であっても、上記のような診断書が提出されることがあります。そのような場合、**合意退職に向けた説得に入る前に、まずは、職場環境に問題があるという休職者の主張をよく聴くことが大切です。**そのうえで、事業者の立場から以下のように話すことが考えられます。

話し方の例

　これまで○○さんから、職場環境に問題があるというお話を面談のたびにおうかがいしてきました。私としては、お話を聴いて、職場でのストレスが今回の休職の原因になっている可能性もあるように思いました。しかし、会社としては、○○さんが言われたような点を改善するのは難しいです。復職してもまた同じ問題が続き、症状が再発したり、悪化したりする原因にならないか、心配しています。会社として検討しましたが、無理して復職するのではなく、転職して環境を変えることを検討してほしいと考えています。

　このときに、職場環境に問題があるかどうかを正面から議論しようとすると、休職者と事業者の担当者の間で意見が対立し、話合いがまとまりません。**職場環境に問題があるかどうかを正面から議論するのではなく、休職者には職場環境が合っていないというミスマッチの観点から話をするべきです。**そのうえで、そのミスマッチが症状の再発

140　第2章　復職をめぐるトラブルの円満解決（メンタルヘルス不調の事例を題材に）

等の原因になり得ることを説明して転職を勧めるのがよいです。

　ただし、事業者側から職場環境に問題があるかどうかについて正面から議論しようとしなくても、休職者側からそのミスマッチは事業者の責任であり事業者において改善すべきだという主張がされることもあります。その場合は、事業者としては、以下のように詳細な理由は示さず、端的に結論を休職者に伝えるべきでしょう。

---・話し方の例

> 　○○さんの話を聴いて検討しましたが、会社としては、今回の件で職場環境に改善すべき点があるとは考えていません。

　そのうえで、復職しても休職者が望むような職場環境にはならないので、症状の再発を防ぐためにも転職を検討してほしいと伝えるのがよいです。

　②　休職者に有利な条件を提案することで合意を得る

　そして、休職者が、復職できないのは自分の健康状態の問題ではなく職場環境の問題であると考えている場合、上記のように話すだけでは、休職者が退職を了解する見込みは低いと言わざるを得ません。そこで、事業者として例えば以下のような提案をすることが考えられます。

> **》》 休職者に有利となる条件の提案例**
> ・３か月先の退職日を設定して合意退職とすること
> ・３か月間は給与を支給するが出勤は免除し、その期間を転職活動に充てることを認めること
> ・３か月間の途中で転職先が決まれば退職日を前倒しし、当初予定していた３か月先の退職日までの給与のうち未支給分を退職金として支払うこと

7　復職を認めない場合の円満解決の方法　　141

前述のような「会社が信頼回復のための努力をすること」といった
診断書が出てくるケースは、休職者の被害者意識が強く、無理に休職
期間満了で一方的に自然退職とすると、訴訟になることが予想される
場面です。そして、訴訟になった場合、職場環境に問題がなかったか
どうかについて、裁判所が事業者の主張どおりに判断してくれるとは
限りません。主治医が「復職復帰は可能である」と書いている以上、
復職を認めなかった事業者の判断について、裁判所の理解を得られ
ず、敗訴するリスクは小さくありません。このような訴訟に発展する
リスクの高さや、訴訟になった場合の敗訴リスクを考えると、上記の
ような譲歩をしても、合意により解決しておくことが、通常は、事業
者にとってメリットになります。

㈢　退職後の生活に経済的な不安を抱えている場合

①　無理な復職は状況を悪化させることを説明する

　前述の㈠㈡の場合は、いずれも休職者が復職できる健康状態だと誤
認しているケースであるという共通点がありました。これに対して、
休職者自身も本音では復職できる健康状態ではないとわかっているも
のの、経済的な不安を抱えているため、無理に復職しようとしている
ケースもあります。このようなケースでは、休職期間満了の直前に
なって就労可能という診断書が出てくるというパターンも多く、101
ページの**書式３**による医療照会を行うと、９の質問に対して「患者か
ら休職期間満了による退職を避けるために診断書を要望されたため診
断書を作成した」といった趣旨の回答がされる例もあります。

　このような場合、あせって無理な復職をすることは、休職者の症状
を悪化させ、働けない期間をより長びかせる結果となる危険がありま
す。その結果、経済的にもより困難な状況に至るおそれがあること
を、休職者に説明する必要があります。また、事業者としても、復職
できる健康状態ではないと考えており、安全配慮の観点からも復職を
認めることはできないということを伝える必要があります。そのうえ
で、**事業者としては休職期間満了日で合意による退職をしてほしいと**

142　第2章　復職をめぐるトラブルの円満解決（メンタルヘルス不調の事例を題材に）

考えていること、合意による退職の場合は会社都合退職と扱うことを
提案するとよいでしょう。

②　経済的な不安を和らげるための説明をする

そして、経済的な不安を和らげるために、健康保険の傷病手当金や
雇用保険の基本手当（失業給付）、退職金について説明する必要があ
ります。

まず、健康保険の傷病手当金は、病気で休業が必要な期間について
最長1年6か月間支給されます。ただし、退職後に傷病手当金の支給
を受けるためには、退職日までに継続して1年以上健康保険の被保険
者であったことが必要になります。この条件を満たせば、休職者は、
退職後も残りの支給期間について傷病手当金を受給することができま
す。このことを知らない休職者もいますので、その休職者について退
職後も傷病手当金を受給することができるかを確認したうえで、受給
できる期間や金額を説明します。

同様に、病気が回復して求職活動ができるようになった場合に受給
できる雇用保険の基本手当（失業給付）についても、その内容を説明
します。さらに、退職金がある場合は退職金についても説明します。
傷病手当金や雇用保険の基本手当に関するパンフレットなどの資料を
渡したり、顧問の弁護士や社会保険労務士がいれば休職者との面談に
同席して説明してもらったりといった対応も検討すべきでしょう。

8 健康は回復しているが問題社員のため退職してほしい場合の円満解決の方法

 理論上も自然退職扱いはできない

　健康状態としては復職できそうだが、事業者としては辞めてほしいというケースもあります。

　メンタルヘルス不調による休職の事例の中には、休職者が業務効率や職場内での協調性の点で問題を抱え、そこから来るストレスや周囲との摩擦がメンタルヘルス不調の原因になっていると思われる例も見られます。このようなケースでは、休職前から休職者が周囲に様々な負担をかけたり、職場内でトラブルを起こしたりしてきた結果、休職者の復職に対する現場の拒否感が非常に強いことがあります。職場内で良好な人間関係を築いてきた人が私傷病を発症したということであれば復職に向けた職場内の協力も得やすいのですが、発症以前から職場内で頻繁に問題を起こしてきた人の場合、職場内の協力を得ることが困難です。筆者の経験でも「あの人が戻ってくるのであれば周囲の人間が退職せざるを得ない」という相談者は珍しくありませんでした。

　このような場合に絶対にやってはいけないのは、復職不可であるとして休職期間満了により自然退職扱いとすることです。休職前から様々な問題を起こしてきた問題社員について、主治医から就労可能とする診断が出たにもかかわらず無理に休職期間満了による自然退職とした場合、訴訟を起こされるリスクは小さくありません。そして、私傷病休職は、私傷病により働けない期間について従業員に休職を命じるものです。健康状態が回復し、「私傷病により働けない」という状

況が解消しているのであれば、事業者は復職を認める必要があります。**健康状態とは別の問題である、休職前の能力不足や協調性欠如などを理由に復職不可とすることは理論上できません**。それにもかかわらず、休職期間満了により自然退職扱いとした場合、訴訟を起こされれば事業者が敗訴する可能性が極めて高いでしょう。

　裁判例にも、適応障害で休職中の従業員が就労可能と診断されたが、会社がコミュニケーションが成立しない等の理由で復職を認めずに休職期間満了として雇用を終了した事案について、裁判所が雇用終了を認めず、会社を敗訴させたものがあります（❷シャープNECディスプレイソリューションズ事件・横浜地方裁判所判決令和３年12月23日）。裁判所は、この事案において、この従業員のコミュニケーション能力の問題には、適応障害発症前からの本人の特性に起因する問題が含まれているとしました。そのうえで、このような休職理由に含まれない事由を理由として休職期間満了による雇用契約の終了として扱うことは許されないとしています。

　また、別の裁判例として、復職により職場の他の職員に多大な悪影響が出るといったことを理由に復職を認めずに自然退職とした事案について、裁判所が雇用終了を認めず、事業者を敗訴させたものもあります（❷神奈川SR経営労務センター事件）。裁判所は、この事案で、事業者が主張する他の職員に多大な悪影響が出るといった事情は、復職の可否の判断基準となる、従前の職務を通常の程度に行える健康状態に回復したか否かとは無関係な事情であると指摘しています。

　これらの裁判例はいずれも、復職の可否は休職の原因となったメンタルヘルス不調から回復しているかどうかに着目して判断しなければならず、それとは別の問題点を理由に事業者が復職不可と判断することはできないことを述べたものと言えます。

8　健康は回復しているが問題社員のため退職してほしい場合の円満解決の方法　145

合意退職に向けた説得方法

① 復職できる健康状態かどうかはひとまずおいて話をする

このように、健康は回復しているが問題社員のため退職してほしい場合、理論上も休職期間満了による自然退職として処理することはできません。合意退職による解決を目指す必要があります。では、合意退職に向けた話合いをどのように進めるべきでしょうか。

まず、この場合、健康状態だけを見れば、休職者は復職可能な状態まで回復しています。そのため、事業者から「復職できないと考えている」といった説明はすべきではありません。そのような説明は虚偽になってしまいますので、例えば、以下のような話し方をするべきでしょう。

話し方の例

> 復職できるかどうかについては、会社として現在検討しているところです。ただ、正直なところ、健康状態の点を抜きにしても、〇〇さんに気持ちよく働いてもらうということはなかなか難しいのではないかと考えています。社内で検討しましたが、〇〇さんには合意退職という形で辞めていただきたいと考えています。

復職できる健康状態かどうかという点はひとまずおいて話をすることになります。

そして、このようなケースでは、主治医からの診断書や医療照会に対する回答において、「職場環境に問題があり会社が信頼回復のための努力をすること」などといった復職の条件が付けられるケースが多いです。このように事業者に落ち度があるかのような記載は、事業者にとって不本意なものだと思いますが、退職に向けた説得にあたっては、これを説得材料の1つとしていくことも可能です。つまり、以下

のように伝えていくことになります。

話し方の例

主治医は、職場環境に問題があり、会社が信頼回復のための努力をすることと書かれています。しかし、現状では、主治医が復職の条件とされている、○○さんと会社の信頼関係を作ることは難しいと考えています。復職しても、休職前と同じような問題が起こり、症状が再発したり、悪化したりする原因にならないか、心配しています。

事業者としては、能力不足や協調性欠如といった、休職者の問題点にも言及したいところでしょう。しかし、筆者の経験からすると、能力不足や協調性欠如などの問題を抱えるいわゆる問題社員は、自身の能力不足や協調性欠如といった問題点を自覚していないことが少なくありません。事業者が能力不足や協調性欠如といった問題があると評価していても、問題社員自身は、むしろ「会社のやり方は間違っており、自分のほうが正しい」「上司の指示の仕方に問題がある」「○○さんとはトラブルになるが、向こうが悪い」などと、自分以外に問題があると認識していることが多いです。このような認識を持っている休職者に対して、事業者から休職前の問題点を指摘しても、素直に聞き入れる可能性は極めて低く、無用な争いを生むだけです。そのため、**休職者の問題点にも言及して説得を試みる場合は、休職前に起こったトラブルについての責任が休職者にあるかどうかという点はひとまずおいて話をすべきです。そして、休職前にトラブルが頻発していたという事実を休職者との間で確認したうえで、現在も休職者の復職について職場内の拒否感が強いことを伝え、そのような状況で無理に復職をさせることは事業者としてはできないことを説明する方向で説得するとよいです。**

8 健康は回復しているが問題社員のため退職してほしい場合の円満解決の方法　147

②　休職者に有利な条件を提案することで合意を得る

　また、このように**休職者に自身の問題点の自覚がなく、自然退職とする余地もない状況で合意退職を目指す場合は、ある程度思い切った金銭的な提案も必要でしょう。**例えば、①退職金として給与の6か月分相当額を支払う、②雇用保険の基本手当の受給が有利になるように会社都合退職として扱うといった提案も検討すべきです。事業者としては、ただでさえ悩まされた問題社員に対し、このような便宜を図ることに納得できないかもしれません。しかし、退職について合意できなければ復職させたうえで、この従業員に対する指導を徹底していくほかありません。このような復職の受入れとその後の指導を強いられる周囲の従業員の負担を考えれば、金銭を支払っても合意退職により問題を解決することが賢明な選択肢であることが多いのです。

9 退職に合意したときは合意書を作成する

　休職者との間で、退職について合意に至ったときは、退職合意書を作成して、合意による退職であることを明確にする必要があります。退職合意書の書式は次ページを参考にしてください（**書式5**）。**書式5**では1項で、事業者が一方的に自然退職として処理したのではなく、合意による退職であることを記載しています。そのうえで、2項のところで、例えば退職金として給与の3か月分あるいは6か月分相当額を支払うといった休職者に有利な条件を提案することを想定した記載例です。

■書式5　退職合意書の例

合意書

　株式会社○○○○（以下「甲」という）と従業員○○○○（以下「乙」という）は、以下のとおり合意する。

1　甲および乙は、甲乙間の雇用契約を令和○年○月○日付で合意解約する。
2　乙の退職にあたり、甲は乙に対して、退職金○○○万円を支給する。甲は上記金額から源泉所得税および住民税を控除した金額を令和○年○月○日限り、乙の給与振込口座に振り込み送金する方法により支払う。なお、振込手数料は甲の負担とする。
3　甲は、乙の離職理由を会社都合退職として扱う。
4　乙は、甲の施設内の乙の私物を1項記載の退職日までに持ち帰る。退職日の翌日以降、甲の施設内に乙の私物があった場合、乙は甲が当該私物を自由に処分することを認め、異議を述べない。
5　乙は、1項記載の退職日までに、甲から貸与されたデスクの鍵、制服、携帯電話、パソコン、社員証、セキュリティカード、業務用資料、健康保険証を甲に返却する。
6　甲および乙は、口頭、書面、メール、SNS、クチコミサイト、その他の手段を問わず、相手方（甲の役員、従業員、取引先、提携先を含む）に対する批判や苦情を発信して誹謗中傷する行為をしない。
7　甲および乙は、本合意書の存在および内容、ならびに甲乙間の紛争の経緯の一切について、これを秘密として保持するものとし、法令上要求される場合など正当な理由のある場合を除

き、第三者に対してこれを開示し、または漏洩しない。

8　甲および乙は、甲乙間に、本合意書に定めるほか、未払い賃金、安全配慮義務違反にかかる損害賠償請求、その他理由の如何を問わず、また、現在甲乙間で既に顕在化している紛争に関するものか否かを問わず、何らの債権債務もないことを相互に確認する。ただし、乙に適用される甲の就業規則および乙が在職中に甲に提出した誓約書のうち、退職後の乙の義務について定める部分については引き続き効力を有するものとする。

9　甲および乙は、理由の如何を問わず、相手方および相手方の役員に対し、裁判上、裁判外を問わず、本合意書に定めるほか、何らの請求もしない。

　本合意の成立を証するため、本合意書2通を作成し、各1通ずつ所持する。

　令和〇年〇月〇日

　　　甲

　　　　　　　　　　　　　　　　　　　　　　　印

　　　乙

　　　　　　　　　　　　　　　　　　　　　　　印

10 復職に関するトラブルを予防するために行うべきこと

　ここまで、事業者として復職を認めることが困難な場面でも、訴訟を避け、円満に解決する方法を解説しました。ただし、ここで説明した方法で実際に対応するためには、休職開始の段階や休職期間中に適切な対応をしておくことも重要になります。そこで、以下では、私傷病からの復職にあたってトラブルを予防するために、休職開始の段階や休職期間中に取り組むべき点を説明したいと思います。

 休職開始時の説明

ア　休職期間満了の時期等についての説明

　休職に入るタイミングで休職者に適切な説明をすることは、トラブル防止のために非常に重要です。筆者の経験では、①事業者が休職命令を明確に出していない、②事業者が休職開始の段階で休職期間満了の時期を休職者に明確に伝えていない、③事業者が休職期間満了の時期を休職者に間違って伝えているといった問題によるトラブルは非常に多いです。以下の点に留意してください。

　　① 　休職命令を明確に出す
　休職は事業者が命じてはじめて開始するものです。従業員が休み始めたら自動的に休職になるわけではないことに注意してください。事業者からの休職命令がないまま従業員の欠勤が続いている状態は、単なる欠勤であり、休職ではありません。休職が始まっていない以上、いつまで経っても休職期間満了になりません。

事業者が休職を命じたことを明確にするためにも、**休職命令は必ず書面で出すべきです**。また、休職を複数回繰り返しているケースでは、各回の休職ごとに休職命令を書面で出すべきです。特に再休職の場合、休職命令が抜けてしまっている例もあるので注意してください。

　休職命令書の例は以下を参考にしてください（**書式6**）。

■**書式6　休職命令書の例**

休職命令

〇〇〇〇　殿

令和〇年〇月〇日
株式会社〇〇〇〇
代表取締役〇〇〇〇

　就業規則〇条〇項〇号に基づき、令和〇年〇月〇日から、以下のとおり休職を命じます。休職期間中は治療に専念してください。回復を心からお祈りしています。

　以下で休職についての留意点を記載していますのでご確認ください。

1　就業規則〇条〇項〇号により休職期間は最長で令和〇年〇月〇日までです。ただし、休職期間の途中であっても、健康状態が回復して就労可能となったときは、復職することができます。

　　復職にあたっては、主治医から就労可能である旨の診断書が出ることが必要になります。その後、主治医の意見も踏まえつつ、会社が復職の可否を判断します。主治医が就労可能と診断すれば自動的に復職となるわけではありません。復職の可否の判断にあたって、会社が産業医の面接あるいは指定医の診察を

10　復職に関するトラブルを予防するために行うべきこと　153

受けることや主治医からの意見聴取のために必要な協力をすることを求めたときは協力していただくことが必要です。

　　また、令和○年○月○日までに復職できない場合は、就業規則の規定により退職となります。詳細については就業規則の該当部分をお送りしますのでご確認ください。

2　休職期間中は給与は支給されません。ただし、従業員としての地位はあることから、社会保険料が発生し、従業員負担分の社会保険料を会社に送金していただく必要があります。会社から金額を連絡しますので、毎月末日までに前月分の社会保険料を会社指定口座に振り込み送金してください。

　　一方、要件を満たせば健康保険の傷病手当金の受給が可能です。傷病手当金の詳細は同封のパンフレットをご確認ください。受給を希望する場合は会社も協力しますので下記担当者まででご連絡ください。

3　休職期間中は就業規則○条○項に基づき、1か月に1回、主治医の診断書を提出して病状報告していただくことが必要です。来月以降、毎月末日までに下記担当者までメールで報告をお願いします。報告いただいた内容は、復職可否の判断、復職の手続き、復職後に会社として必要な人事上の措置の検討の目的で利用し、その他の目的では利用しません。

記

　　担当者　　　○○部　　○○○○
　　電話番号　　○○-○○○○-○○○○
　　メールアドレス　　○○○○@○○.○○.jp

4　休職期間中に会社から連絡や面談の要望があった場合は対応をお願いします。また、休職期間中も、会社から病状等について主治医に照会することがありますので、その場合は必ず協力してください。

② 休職開始時に休職期間満了の時期を明確に伝える

事業者が休職開始の段階で休職期間満了の時期を従業員に明確に伝えていないことによるトラブルも多いです。休職期間満了の時期がいつかということは、最長でいつまで休職が認められるのか、裏を返せばいつまでに復職できなければ退職になるのかという、休職者にとって非常に重要な事柄です。そのため、休職命令書で休職期間満了の時期を明記したうえで、その時期までに復職できないときは退職になることを明確にしておくべきです。これを休職開始時に行わずに、休職期間の途中のタイミングではじめて休職期間満了の時期を伝えたことによって、休職者の不信を招き、トラブルの一因になった例を複数回経験しました。特に休職期間満了までに健康状態が回復せずに退職となる場合、休職者が最初から満了の時期を伝えられていて心の準備ができているケースと、満了の直前になってはじめて伝えられるケースでは、休職者が退職について納得できるかどうかに差が出ます。

③ 休職期間満了の時期を間違って伝えない

事業者が休職期間満了の時期を休職者に間違って伝えることによるトラブルも多いです。例えば、就業規則で「業務外の傷病による欠勤が1か月を超え、なお療養を継続する必要があるため勤務できないときは休職とする」と書かれている場合、欠勤が始まってすぐに休職を命じることはできません。欠勤が1か月を超えたタイミングではじめて休職を命じることができることに注意してください。この点の間違いは、ケースによっては重大な結果を招きます。上記のような就業規則の定めになっているにもかかわらず、誤って、欠勤が始まってすぐに休職を命じた場合、有効な休職命令とは認められません。したがって、その後、期間が経過したとしても自然退職の効果は生じません。❷❻石長事件（京都地方裁判所判決平成28年2月12日）では、この点を誤った結果、休職期間満了による自然退職扱いが無効とされ、事業者は、退職扱いによって従業員が就業できなかった期間中の給与分として600万円を超える金銭の支払いを命じられています。

10 復職に関するトラブルを予防するために行うべきこと 155

イ　休職期間中の過ごし方についての説明

　休職期間中の過ごし方については、休職中に休職者が副業をするなどして、事業者とトラブルになることもあるため、治療に専念するように伝えておくべきでしょう。また、①休職期間中も事業者からの連絡に応じる必要があること、②治療が進み、体調が回復してきたら、人事担当者による月１回の面談に応じる必要があること、③事業者から指示されたときは診断書の提出や医療照会への協力が必要になることを伝えておくことが大切です。これらの点も休職開始のタイミングで伝えておくことが、正当な理由なく休職期間中の面談を拒否したり、医療照会への協力を拒否したりするトラブルの防止につながります。さらに、傷病手当金を受給できることや、社会保険料の従業員負担分を事業者に送金する必要があることも伝えておきましょう。

ウ　復職の手順についての説明

　復職の手順等を説明しておくことも重要です。①主治医が作成した就労可能である旨の診断書が必要であること、②最終的な復職の可否の判断は主治医ではなく事業者が行うこと、③事業者が主治医からの意見聴取のための協力を求めたときは協力する必要があること、④事業者が産業医の面接や会社指定医の診察を受けることを求めたときは応じる必要があること等を説明しておくべきです（162ページの就業規則規定例○条３項、５項参照）。休職者としては、就労可能という主治医の診断書があれば復職できると誤解してしまうケースも多いです。休職が開始するタイミングで正しい説明をしておくことがトラブルの防止につながります。

156　第2章　復職をめぐるトラブルの円満解決（メンタルヘルス不調の事例を題材に）

休職期間中の休職者とのコミュニケーション

ア　コミュニケーションの取り方

　休職期間中も休職者と適切なコミュニケーションをとることが、休職者との信頼関係を維持し、トラブルを防ぐことにつながります。厚生労働省の「心の健康問題により休業した労働者の職場復帰支援の手引き」では、「病気休業期間中においても、休業者に接触することが望ましい結果をもたらすこともある。その場合は、精神的な孤独、復職できるかという不安、今後のキャリア等で本人が不安に感じていることに関して、十分な情報を提供することが重要である。」と記述されています。ただし、**事業者からの接触が休職者にとって負担となることもあるため、主治医に事業者から連絡をとっても問題ないかを確認したうえで、実施するべきです。**

　また、特に休職の初期のまだ体調がよくない時期は、事業者からの連絡は1か月に1回程度、軽く電話等で状況を確認する程度にするべきです。この時期は、事業者から連絡がくるのもきついということもあるので、気にかけていることを休職者に示す程度の連絡にとどめましょう。また、休職者の病状を確認するために、1か月に1回程度の頻度で新しい診断書の提出を求めるとよいです。定期的に診断書をもらうことは、③で後述する主治医との連絡のきっかけにもなります。

　そして、**治療が進み、休職者が復職を考える頃になれば、1か月に1回程度の頻度で、休職者との面談の機会をもつことが適切です。**ただし、休職者の体調によってはオンラインで面談を行うなど、方法を工夫することも必要です。

イ　休職期間中の面談で行うこと

　面談では、以下の点を聴取します。

> **》》 面談で聴取すべき内容**
> ・現在の症状
> ・治療状況、通院状況
> ・薬の服用状況
> ・適切な睡眠覚醒リズムが整っているか、昼間に眠気がないか
> ・日常生活の状況、特に日常生活における業務と類似した行為の
> 　遂行状況とそれによる疲労の回復具合（例えば一定の時間集中
> 　して読書やパソコン操作ができるようになっているか、軽い運
> 　動等ができるようになっているか）
> ・家事・育児、趣味活動等の実施状況
> ・家族による支援状況
> ・今後の治療の見込み

　面談で聴取した内容は、次ページのような面談記録票を作成するな
どして記録しておきましょう（書式7）。面談記録票には、人事担当
者から見た休職者の印象も記載しておくと、後日の判断に役立つこと
があります。

　また、メンタルヘルス不調による休職からの復職のためには、睡眠
覚醒リズムが整い、規則的な生活ができるようになることが必要で
す。160ページのような**生活記録表を作成してもらって提出してもら
うことが、この点を見極めるために有益です**（書式8）。

　**面談時は、休職者が復職できるように支援する姿勢で臨むことが重
要です。**最終的に復職できるかどうかはわかりませんが、どのような
判断になったとしても、事業者が復職のためにサポートしてくれてい
たという印象を休職者にもってもらうことができれば、紛争化するリ
スクは下がります。

ウ　産業医がいる場合
　産業医がいる場合は、休職期間中の面談に産業医も同席してもらう

158　第2章　復職をめぐるトラブルの円満解決（メンタルヘルス不調の事例を題材に）

■書式7 面談記録票の例

面談記録票

記録作成日： 年 月 日 作成者：

事業所		氏　　名		生年月日	性別
				歳	
面談日時			面談場所		
出席者					
主治医による診断内容					
本人による現状説明		確認事項：現在の症状／治療状況・通院状況／薬の服用状況／睡眠覚醒リズム・昼間の眠気／日常生活の状況・日常生活における業務と類似した行為の遂行状況と疲労の回復具合（読書やコンピュータ操作、軽度の運動等）／家事・育児、趣味活動等の実施状況／家族による支援状況／今後の治療の見込み／本人の希望・主張			
面談担当者の評価・意見		確認事項：注意力・集中力・意欲／コミュニケーション能力／家族の意向／生活記録表の提出状況 1．現在の状態について 2．今後の見通し			
次回面談予定					

10 復職に関するトラブルを予防するために行うべきこと 159

■書式8　生活記録表の例

生活記録表

対象期間：　　　年　　月　　日 ～　　　年　　月　　日

氏名：＿＿＿＿＿＿＿＿＿＿＿

記入例

	○月 □日	月　　日	月　　日	月　　日	月　　日	月　　日	月　　日	月　　日
	水曜日	日曜日	月曜日	火曜日	水曜日	木曜日	金曜日	土曜日
時間	活動内容	活動内容	活動内容	活動内容	活動内容	活動内容	活動内容	活動内容
1：00								
2：00								
3：00	睡眠							
4：00								
5：00								
6：00								
7：00								
8：00	起床							
9：00	朝食							
10：00	雑用							
11：00								
12：00								
13：00	昼食							
14：00								
15：00	外出							
16：00								
17：00	パソコン							
18：00								
19：00								
20：00	夕食							
21：00	テレビ							
22：00	入浴							
23：00	就寝							
0：00								
備考	当日の体調や気分、活動内容、感じたこと、睡眠、生活リズムなど自由に記入してください。							

通院した日があるときはその日付を記載してください。また、主治医の話などを自由に記入してください。

160　第2章　復職をめぐるトラブルの円満解決（メンタルヘルス不調の事例を題材に）

ことが望ましいです。産業医が休職期間中から休職者の病状をよく把握しておくことで、復職の可否の判断が必要になるタイミングでも産業医から適切な意見をもらいやすくなります。一方、復職の可否の判断が必要な段階になってはじめて産業医に相談しても、なかなか有益な意見をもらえないことが多いです。

　特に、復職について主治医は就労可能、産業医は就労不可と意見が分かれた場合に、事業者が産業医の意見を採用して復職を認めないときは、産業医の意見の信用性が問題になります。**産業医が休職期間中から休職者の病状をよく把握したうえで就労の可否について判断したことは、産業医の意見の信用性を高めることにつながります。**

③ 休職期間中の主治医との連絡

　前述のとおり、休職期間中も定期的に休職者に新しい診断書の提出を求めるべきでしょう。また、**新しい診断書を受け取ったら、必要に応じて、主治医に電話して診断書の疑問点や今後の見込みを確認することが重要です。**その前提として休職者から同意書を取得し、主治医に提出しておく必要があります（89ページの**書式1**参照）。

　日頃から事業者の人事担当者が主治医とコミュニケーションをとることで、主治医との信頼関係を築くことができます。そうすることで、主治医が、本当は復職できない状態であるにもかかわらず、休職者の意向をくんで就労可能であるとする診断書を作成するといった事態を防ぐ効果も期待できます。また、休職者を通さずに、直接主治医に電話等で確認することで、主治医の本音を聴ける可能性も高まります。主治医に回答を求める際に、休職者を通してしまうと、どうしても休職者が確認することを踏まえての回答になりがちです。

就業規則の整備

　最後に、私傷病休職からの復職に関するトラブルに対応するためには、就業規則をしっかり整備しておくことも重要です。就業規則を整備しておくことで、就業規則の条文を根拠に休職者への説明を行うことができるようになり、休職者の納得を得やすくなります。復職や復職できない場合の退職については、一例として、以下のような就業規則を作成することが考えられます。

　この就業規則規定例の詳しい解説については、西川暢春著『労使トラブル円満解決のための就業規則・関連書式作成ハンドブック』（令和5年12月1日初版発行、日本法令）135頁以下をご参照ください。

■就業規則　規定例

（復　職）
第○条　休職の理由が消滅したと会社が認めたときは、会社は従業員を復職させます。なお、会社は、必要に応じて、従業員を休職前とは異なる職務または役職に配置することがあります。
2　私傷病休職における休職の理由の消滅とは、休職前の職務を通常の程度に行える健康状態、または復職後3か月程度軽易な業務に就かせれば休職前の職務を通常の程度に行える健康状態になった場合を言います。ただし、雇用契約において職種の限定が設けられていない従業員については、休職前の職務を通常の程度に行うことができる健康状態に満たない場合であっても、その能力、経験、地位等に照らして現実的に配置される可能性がある他の業務における就業が可能であり、従業員もそれを希望するときは、休職の理由が消滅したものと認めます。
3　私傷病により休職していた従業員が復職するときは、従業員は自身の費用負担において、休職の理由が消滅したことを示す

医師の診断書を会社に提出しなければなりません。また、従業員は、産業医の面接を受け、会社がその結果につき産業医から報告を受けるために必要な協力をすること、会社指定医を受診し、会社がその結果につき指定医から報告を受けるために必要な協力をすること、会社による主治医からの意見聴取のために必要な協力をすること等を会社が求めたときは、これに応じなければなりません。これらの手続きが履践できず、前項の状態に達したことを確認することができないときは、会社は復職を認めません。

4　会社は、復職の可否の判断のために、休職期間中に、従業員に試験的に短時間の就業を指示することがあります。その場合の賃金は、会社と従業員が別途合意するところにより定めます。

5　主治医が就労可能であると診断した場合であっても、会社が第2項の状態に達したことを確認することができないときは、会社は復職を認めません。

6　会社は従業員を復職させた後も、従業員の体調その他の事情を考慮して、短時間勤務を命じることがあります。その場合、会社は短縮された時間分の賃金を支払いません。

（当然退職）

第□条　従業員が次の各号のいずれかに該当した場合は、当該事由の生じた日をもって退職とします。

① 死亡したとき

② 私傷病により休職した者が休職期間満了までに復職できないとき

③ 行方不明となり、1か月以上連絡が取れないとき

④ 定年に達したとき

≫第2章で掲載した書式の解説、引用した裁判例の出典等

本稿でたびたび言及した、厚生労働省の「心の健康問題により休業した労働者の職場復帰支援の手引き」は、インターネットでも公開されており、その内容を確認することができます。この手引きは、メンタルヘルス不調による休職からの復職の場面で必ず参照すべき資料の1つです。

また、本稿で掲載した書式のうち、**書式1**（医療照会用同意書）、**書式2**（職務内容報告）、**書式3**（回答書）、**書式5**（退職合意書）の各書式については、その詳細な解説を、西川暢春著『労使トラブル円満解決のための就業規則・関連書式作成ハンドブック』（令和5年12月1日初版発行、日本法令）に掲載していますのでご参照ください。

なお、本稿で引用した裁判例の出典は以下のとおりです。

❶アメックス（休職期間満了）事件（東京地方裁判所判決平成26年11月26日）労働判例1112号47頁

❷日本郵政事件（大阪地方裁判所判決令和5年5月22日）労働判例ジャーナル140号34頁

❸阪神高速技研事件（大阪地方裁判所判決令和6年5月21日）労働判例ジャーナル149号38頁

❹市川エフエム放送事件（東京高等裁判所判決平成28年4月27日）労働判例1158号147頁

❺コンチネンタル・オートモーティブ事件（東京高等裁判所判決平成29年11月15日）労働判例1196号63頁

❻綜企画設計事件（東京地方裁判所判決平成28年9月28日）労働判例1189号84頁

❼日本漁船保険組合事件（東京地方裁判所判決令和2年8月27日）労働経済判例速報2434号20頁

❽独立行政法人N事件（東京地方裁判所判決平成16年3月26日）労働判例876号56頁

❾米子市立中学校教諭配転事件（鳥取地方裁判所判決平成16年3月30日）労働判例877号74頁

❿ビジョン事件（東京地方裁判所判決平成27年7月15日）労働判例1145号136頁

⓫東京高等裁判所判決昭和52年7月15日判例時報867号60頁

⓬東京電力パワーグリッド事件（東京地方裁判所判決平成29年11月30日）労働判例1189号67頁

⓭NHK名古屋放送局事件（名古屋高等裁判所判決平成30年6月26日）労働判例

1189号51頁

❶伊藤忠商事事件（東京地方裁判所判決平成25年1月31日）労働判例1083号83頁

❶日本電気事件（東京地方裁判所判決平成27年7月29日）労働判例1124号5頁

❶北産機工事件（札幌地方裁判所判決平成11年9月21日）労働判例769号20頁

❶キヤノンソフト情報システム事件（大阪地方裁判所判決平成20年1月25日）労働判例 960号49頁

❶片山組事件（最高裁判所判決平成10年4月9日）労働判例736号15頁

❶帝人ファーマ事件（大阪高等裁判所判決平成27年2月26日）Westlaw Japan 文献番号2015WLJPCA02266026

❷神奈川 SR 経営労務センター事件（横浜地方裁判所判決平成30年5月10日）労働判例1187号39頁

❷長崎地方裁判所判決令和元年12月3日 Westlaw Japan 文献番号2019WLJPCA12036007

❷郵船ロジスティクス事件（東京地方裁判所判決令和4年9月12日）労働判例経済速報2515号8頁

❷SBSファイナンス事件（東京地方裁判所判決平成27年12月16日）労働判例ジャーナル48号17頁

❷中倉陸運事件（京都地方裁判所判決令和5年3月9日）労働判例1297号124頁

❷シャープNECディスプレイソリューションズ事件（横浜地方裁判所判決令和3年12月23日）労働判例1289号62頁

❷石長事件（京都地方裁判所判決平成28年2月12日）労働判例1151号77頁

165

［第3章］
未払い残業代トラブルの
円満解決

相談事例

管理監督者として扱っていた役職者が弁護士をつけて残業代を請求してきた場合の対応

　弊社はスーパーマーケットを多店舗経営しています。弊社で長年勤務し、大規模店の店長をしていた従業員を業績の問題で降格させたところ、その者が退職しました。退職後に、この元店長の代理人弁護士から、弊社に対して、約330万円の残業代を請求する内容証明郵便が届いています。

　この店長は、弊社在職中、アルバイトも含めると従業員40名以上が勤務する大規模店をまかされていました。大規模店のトップとして、店舗を管理し、その損益目標を達成する職責を担っていました。そのため、弊社はこの店長を管理監督者として扱い、残業代を払っていませんでした。このことは本人も了解していましたし、会社も残業代がつかないことを踏まえて高い給料を払ってきました。

　さらに、会社は、この店長が就業規則で義務付けられている転勤を拒んだときも、育児の事情を考慮して寛容に受け止め、配慮してきました。それなのに、いまさら残業代を請求するなんて、会社や共に働いた仲間に対する裏切り行為であり、許せない気持ちです。会社としては一銭も支払う気はありません。今後どのように対応したらよいでしょうか。

1 割増賃金の支払いは 労働基準法上の義務

　相談事例のように管理職の残業代の処理について不安がある事業者も多いのではないでしょうか。第3章では、残業代請求のトラブルについて、その円満解決の方法を説明します。

　最初にその前提として、労働時間や休日に関するルールと、割増賃金の支払いに関するルールを確認しておきたいと思います。

⟨1⟩ 労働時間についてのルール

　労働時間について、労働基準法は、事業者は原則として労働者を1日8時間、1週間40時間を超えて労働させてはならないというルールを設けています（労働基準法32条）。この1日8時間、1週間40時間の上限は「法定労働時間」と呼ばれます。例えば、土日が休みの週5日勤務の労働者の場合、1日8時間勤務すれば、8時間×5日で週40時間になります。ただし、この法定労働時間のルールには例外があり、法定労働時間を超えれば一切労働させることができないわけではありません。事業者は労働者の過半数代表と労使協定を締結して労働基準監督署長に届け出ることで、法定労働時間を超えて労働者を労働させることができます（労働基準法36条1項）。この労使協定は、労働基準法36条に根拠規定があることから、「36協定（サブロク協定）」などと呼ばれます。このように**原則として法定労働時間を超えるのはダメだけれども、36協定を締結していれば例外的に法定労働時間を超えてもよいというルールになっています。法定労働時間を超える労働は「時間外労働」と呼ばれます。**

1　割増賃金の支払いは労働基準法上の義務　169

② 休日についてのルール

休日については、事業者は労働者に対して、毎週少なくとも1回、または4週間を通じて4日以上の休日を与えなければなりません（労働基準法35条）。これは「法定休日」と呼ばれます。世の中では、週休2日制を採用する事業者も多いですが、労働基準法上は、例えば1日6時間×週6日＝36時間勤務でも、法定労働時間内でかつ週1回の休日も確保されているので問題ありません。ただし、法定休日についても、法定休日に一切労働させることができないというわけではなく、事業者は労働者の過半数代表と前述の36協定を締結して労働基準監督署長に届け出ることで、法定休日に労働者を労働させることができます（労働基準法36条1項）。これが「休日労働」です。このように原則として毎週少なくとも1回、または4週間を通じて4日以上の休日を与えなければならないけれども、36協定を締結していれば例外的にこの休日にも労働させてよいというルールになっています。

割増賃金の不払いは刑事罰の対象

次に、いわゆる「残業代」について説明します。残業代のうち労働基準法上支払いが義務付けられているものとして、①時間外労働の割増賃金、②休日労働の割増賃金、③深夜労働の割増賃金の3つがあります（労働基準法37条1項、4項）。

ア　時間外労働の割増賃金
時間外労働の割増賃金は、前述の法定労働時間（原則として1日8時間・1週間40時間）を超えて労働させた場合に、通常の労働時間の賃金に25％以上の割増をして支払うことを義務付けるものです。例えば通常の労働時間の賃金が1時間2,000円の場合、時間外労働の割増

賃金は1時間2,500円以上の支払いが必要です。ただし、法定労働時間を超えて労働させた時間が月60時間を超える場合、その超えた時間については割増率が上乗せされ、50%以上の割増をして支払うことが必要です。この時間外労働の割増賃金の制度は、事業者に経済的負担を課すことで時間外労働を減らさせるとともに、過重な労働に対する労働者への補償を行おうとするものです。

イ　休日労働の割増賃金

休日労働の割増賃金は、前述の法定休日（労働基準法により付与が義務付けられる毎週1回または4週間を通じて4日の休日）に労働させた場合に、通常の労働日の賃金に35%以上の割増をして支払うことを義務付けるものです。この制度も、事業者に経済的負担を課すことで休日労働を減らさせるとともに、過重な労働に対する労働者への補償を行おうとするものです。

なお、週休2日制を採用している事業者では、週2日の休日のうち1日が法定休日です。もう1日は法定休日ではなく、法定外休日などと呼ばれます。例えば、土日を休日としている事業者では、土曜日を法定外休日、日曜日を法定休日としていることがあります。この場合、法定休日である日曜日に労働させたときは休日労働にあたり、労働基準法上、休日労働の割増賃金の支払義務の対象になります。一方で、法定外休日である土曜日に労働させたときは、労働基準法の休日労働にはあたらず、休日労働の割増賃金の支払義務の対象にはなりません。このように、法定休日の労働だけが、労働基準法による休日労働の割増賃金の支払義務の対象になります。

ウ　深夜労働の割増賃金

深夜労働の割増賃金は、労働者を深夜時間帯（午後10時から午前5時まで）に労働させた場合に、通常の労働時間の賃金に25%以上の割増をして支払うことを義務付けるものです。

時間外労働の割増賃金と休日労働の割増賃金は、いずれも長時間の

労働に対する労働者への補償という意味がありました。これに対し、深夜労働の割増賃金は、長時間の労働かどうかとは無関係に、深夜に労働させることに対する労働者への補償の趣旨で支払いが義務付けられるものです。

エ まとめ

ここまで説明した点を表に整理すると以下のようになります。

	支払いが義務付けられる場面	支払義務の内容
①時間外労働の割増賃金	法定労働時間（原則として1日8時間、1週間40時間）を超えて労働させた場合	通常の労働時間の賃金に25％以上の割増をして支払うことが必要。ただし、法定労働時間を超えて労働させた時間が月60時間を超える場合、その超えた時間については50％以上の割増をして支払うことが必要
②休日労働の割増賃金	法定休日（労働基準法により付与が義務付けられる毎週1回または4週間を通じて4日の休日）に労働させた場合	通常の労働日の賃金に35％以上の割増をして支払うことが必要
③深夜労働の割増賃金	深夜時間帯（午後10時から午前5時まで）に労働させた場合	通常の労働時間の賃金に25％以上の割増をして支払うことが必要

これらの割増賃金の不払いはいずれも刑事罰の対象です（労働基準法119条1号）。**残業代請求のトラブルを解決しようとする際も、まずは、その前提としてこの労働基準法上の義務をしっかりと確認しておく必要があります。**

割増賃金について交渉の必要が生じる理由

このように割増賃金の支払いは労働基準法上の義務です。しかし、割増賃金の支払いをめぐって労働者とトラブルになるような場面で

は、「未払いの割増賃金の額は○○円である」というように、その金額が法律の条文だけで明確に決まるわけではありません。そのため、金額について交渉の必要が生じることになります。

　なぜ、労働基準法上の義務であるにもかかわらず、その金額が条文から明確に決まらないというようなことが起こるのでしょうか。それは、**割増賃金の支払いをめぐってトラブルになっている場面では、割増賃金の具体的な計算方法について労使間で多数の争点が生じることが通常だからです**。そのうえ、それらの争点についてどのように判断するべきかのルールが法律上明確でないことが多いからです。

　例えば**時間外労働の割増賃金を計算するためには、まず、それぞれの勤務日について、労働時間が何時間何分だったかということを特定しなければなりません**。前述のとおり、時間外労働の割増賃金は、法定労働時間を超えた労働時間について支払義務が生じます。労働者が何月何日に何時間何分働いたのかを特定しなければ、法定労働時間を超えた労働時間が何時間何分だったかがわからず、時間外労働の割増賃金を計算することができないのです。そして、このように各勤務日の労働時間を特定するためには、勤務日ごとに、①就業開始が何時何分だったか、②業務終了が何時何分だったか、③休憩が就業規則どおりとれていたかといった点を確定しなければなりません。これらの点のすべてが労使間で争いになり得ます。また、始業時刻前の着替え時間や、研修・社内行事等の時間、あるいは持ち帰り残業の時間等がある場合は、それが労働時間にあたるかどうかも確定しなければ、割増賃金の計算ができません。これらの点も労使間で争いになり得ます。

　そして、**割増賃金の計算単価（１時間あたりの賃金額）についても争点が生じることがあります**。１か月の時間外労働の割増賃金の額は、割増賃金の計算単価に１か月の時間外労働の時間数を掛けて、さらに割増率を掛けることで計算されます。例えば、住宅手当や家族手当を支給している場合、それが割増賃金の計算単価に含まれるのか、それとも計算単価から除外されるのかが争点になり得ます。この点については、労働基準法施行規則21条で住宅手当や家族手当は割増賃金

1　割増賃金の支払いは労働基準法上の義務　　173

の計算単価から除外されることが規定されていますが、実際に除外できるかどうかについては、厚生労働省の通達や裁判例まで踏まえた検討が必要になります。また、例えば、固定残業手当を支給している場合にも、それが割増賃金の計算単価に含まれるのかが争点になり得ます。正しく制度設計がされていれば、固定残業手当は割増賃金の支払いにあたるため、割増賃金の計算単価に含まれません。しかし、制度設計に不備があると、固定残業手当が割増賃金の支払いとは認められないことがあり、その場合は、割増賃金の計算単価に含まれてしまいます。

　さらに、例えば裁量労働制を採用している場合は時間外労働の割増賃金が原則として発生しないようにすることも可能ですが、そのような事案では裁量労働制が適法に導入されていたかが争点になり得ます。

　このように多岐にわたる争点があるため、割増賃金の支払いが労働基準法上の義務であるといっても、必ずしもその金額が明確に決まるわけではありません。これを明確に決めるためには、最終的には、裁判所の判決によらなければなりません。しかし、訴訟には多大な労力がかかります。**そのため、現実問題としては、割増賃金の額について労働者と交渉して解決する必要が生じるのです。**

174　第3章　未払い残業代トラブルの円満解決

2 訴訟になる前に交渉で解決したほうがよい理由

① 訴訟になるとどうなるか？

　ここで冒頭の相談事例に戻りましょう。相談事例は、店長がいわゆる「管理監督者」にあたるかどうかが問題になる事案です。**「監督若しくは管理の地位にある者」については、労働基準法上、時間外労働の割増賃金や休日労働の割増賃金の支払義務の対象にはなりません。**このことは、労働基準法41条2号に定められています。この「監督若しくは管理の地位にある者」は管理監督者と呼ばれ、管理職による未払い残業代請求の訴訟では、この管理監督者にあたるかどうかが、しばしば問題になります。なお、管理監督者についても、深夜労働の割増賃金の支払義務はあります。

　相談事例で、会社は店長を管理監督者として扱い、残業代を払っていませんでした。その分、他の従業員より高い給与を払い、店長も残業代がつかないことを了解していたということですから、退職後に残業代を請求されたことについて、裏切られたと感じる気持ちもよくわかります。しかし、本当に店長を管理監督者として扱ってよかったのかという点は慎重な検討が必要です。訴訟になれば、従業員40名以上が勤務する大規模店の店長だったというだけで管理監督者と認められるわけではありません。また、管理監督者にあたるかどうかは客観的な基準によって決まります。そのため、店長が管理監督者と扱われることを了解していたからといって、訴訟で店長が管理監督者にあたると判断されるわけではありません。

　そもそも、通常の従業員については時間外労働の割増賃金や休日労

2　訴訟になる前に交渉で解決したほうがよい理由　175

働の割増賃金の支払いが義務付けられているのに、管理監督者は対象外とされているのはなぜでしょうか。それは、重要な職責・権限を担う管理監督者は経営者と一体的な立場で法定労働時間制度や法定休日制度の枠を超えて活動することが必要になる一方、労働時間を自分で決定する裁量やその地位にふさわしい待遇が与えられており、労働者保護の観点からも、労働時間規制の対象外として問題ないとされるためです。そのため、**訴訟では、管理監督者にあたるかどうかは、以下の3点を総合的に考慮して判断されます。**

■管理監督者にあたるかの判断基準

> ① その労働者に実質的に経営者と一体的な立場にあるといえるだけの重要な職責・権限が付与されていたか（重要な職責・権限）
> ② 出退勤の自由があるなど、自身の裁量で労働時間を決めて勤務することが認められていたか（労働時間についての裁量）
> ③ 給与等に照らし管理監督者にふさわしい待遇がなされていたか（管理監督者にふさわしい待遇）

つまり、①重要な職責・権限が与えられ、②自分で出勤時刻や退勤時刻を決められるといった裁量があり、③十分な給与が払われているかが基準になります。**このような判断基準が採用される結果、社内でいわゆる「管理職」として扱われている従業員であっても、法律上の管理監督者にはあたらないとして、割増賃金の支払いを命じた裁判例は非常に多いのです。**

 相談事例について参考になる裁判例

相談事例の事案を考えるにあたって参考になる裁判例の1つとして、❶コナミスポーツクラブ事件（東京高等裁判所判決平成30年11月

22日）があります。この裁判例は、会員制のスポーツクラブを運営する会社の元支店長が退職後に会社に対して残業代を請求した事案です。この退職者は、在職中、従業員43名、年間売上約２億6,000万円の支店の支店長を務めていました。

　会社は訴訟において、この支店長は管理監督者にあたるので、会社には割増賃金の支払義務がないと主張しました。しかし、裁判所は、この支店長は、管理監督者にはあたらないと判断しました。その理由として、裁判所は、本部が定めた運営方針により支店長の裁量が制限されていたことや、人員不足で支店長も一般の従業員と同様の現場業務を日常的に担当せざるを得ず出退勤の自由も事実上制限されていたことなどを挙げています。そして、管理監督者にあたらないと判断された結果、会社は、残業代約295万円のほか、遅延損害金約72万円、付加金90万円の合計約457万円の支払いを命じられています。つまり、本来の残業代の額よりも、約162万円も多く支払うことを命じられました。

　このように、**未払い残業代請求訴訟で事業者が敗訴すると、本来の残業代を支払うだけではすみません。遅延損害金や付加金の支払いも命じられることが通常です。**遅延損害金は、残業代の支払いが本来の支払時期よりも遅れたことにより支払義務が生じる金銭です。一方、付加金は、割増賃金等の不払いに対する制裁（ペナルティ）の意味で、裁判所が未払い額と同額までの範囲で支払いを命じることができる金銭です（労働基準法114条）。

　結局、この裁判例の事案では、会社は３年にもわたる訴訟対応を強いられたうえ、敗訴に終わりました。会社は残業代だけでなく、遅延損害金や付加金の支払いも命じられています。そして、会社の負担はそれだけではありません。この支店長について管理監督者にあたらないという判決が確定した後は、他の支店長についてもすみやかに管理監督者にあたるかどうかを検討しなおす必要が生じるでしょう。そして、管理監督者にあたらないと判断される支店長に対しては、残業代の支払いをせざるを得なくなるでしょう。

では、このコナミスポーツクラブ事件も参考に相談事例について考えてみるとどうなるでしょうか。**相談事例のような事案で、会社として、店長を管理監督者として扱ってきたことを踏まえ、訴訟でもそれを主張して労働者側の請求を徹底的に争うべきだという考え方もある**でしょう。そのうえで判決によりはっきりとした結論を出すという対応ももちろんあり得るところです。しかし、そのような方針をとる場合、多大な労力と弁護士費用を費やしても、会社の支払いを増やす結果に終わることにならないか、慎重に検討する必要があります。

 交渉での解決の目標

では、相談事例の事案について、訴訟になる前に交渉で解決するとすれば、どのような方針になるのでしょうか。

まず、訴訟になる前の交渉段階では、管理監督者にあたるかどうかについて、裁判所の判決による公的な判断が出ているわけではありません。そのため、管理監督者にあたるかどうかをいわばあいまいにしたまま、中間的な解決をすることになります。

そして、ここからは個別の事情にもよることになりますが、従業員40名以上が勤務する大規模店のトップとしてその損益目標を達成する職責を担っていた店長ということであれば、訴訟になった場合に、管理監督者であるという会社の主張が通る見込みも全くないとは言えません。労働者の立場から見れば、交渉が決裂して訴訟になれば、判決で管理監督者であったと判断されて敗訴するリスクもあることを考慮に入れながら交渉することになります。そして、そうであれば、**管理監督者でないことを前提として計算された労働者側の請求額について、会社がその満額を支払うという回答をしなくても、労働者側が了解する可能性は十分あります**。相談事例では約330万円が労働者側の請求額ですが、これについて例えば2か月間の交渉を経て200万円くらいでの解決をすることが現実的な目標になるでしょう。訴訟で敗訴

した場合とは違い、遅延損害金や付加金について考える必要はありません。また、解決内容が他の従業員に漏れないように、支払いの条件として元店長に秘密保持を誓約させるべきでしょう。

このように解決内容についての秘密保持を誓約させたとしても、トラブルを機に、他の店長について管理監督者にあたるかどうかを検討しなおすことは必要です。ただし、元店長について管理監督者にあたらないという裁判所の正式な判断がされた場合とは違い、急いで従来の扱いを変更しなければならないというわけではありません。そして、**交渉での解決の場合、訴訟と違って早期に解決できることも大きなメリットです。**このように考えると、訴訟になる前の交渉段階で一定額を支払って解決してしまう方針をとることが、会社の利益にかなうことも多いのです。

④ 交渉で解決するために必要なこと

では、交渉での解決を目指す場合、どのように進めていけばよいのでしょうか。

労働者から残業代の請求を受けた場合の交渉については、事業者側は弁護士に依頼することがほとんどでしょう。しかし、**弁護士に依頼した場合の交渉がうまくいくかどうかは、弁護士の腕だけで決まるわけではありません。事業者が弁護士の交渉の進め方を理解し、弁護士と歩調を合わせて協力していけるかどうかにも、大きく左右されます。**

このようなトラブルについての交渉は山あり谷ありです。労働者側から送られてくる文書の内容を見て、自社の側が追い込まれていると感じ、自社が依頼している弁護士の対応が「弱気な対応」に見えることもあるかもしれません。あるいは、労働者側から送られてくる文書の内容を見て、それが事実に反する主張であるときは、怒りや不安を感じ、激昂してしまう社長も少なくありません。しかし、攻撃的な文

2　訴訟になる前に交渉で解決したほうがよい理由

書が送られてきたり、事実とは違う記載をした文書が送られてきたりするといったことは、こういった交渉にはつきものです。いわば交渉をまとめるために、必ず通らなければならない過程とも言えます。それにもかかわらず、労働者側の出方に過剰に反応してしまい、自社が依頼する弁護士との信頼関係が崩れてしまうと、結局は、それが自社の不利益となってはねかえってきます。そのようなことにならないためには、**事業者としても弁護士の交渉の進め方や、交渉の過程で起こるかもしれない出来事をあらかじめ知り、理解しておくことが必要です。**

　なお、残業代請求のトラブルでは、労働者本人が請求してくるケースのほか、労働者が外部の労働組合に加入して未払い残業代の支払いについて団体交渉を申し入れるケース、労働者が弁護士に依頼して請求するケースなどがあります。また、労働者が労働基準監督署に相談し、監督署への対応が必要になることも少なくありません。そして、最初は、労働者本人からの請求であったり、外部の労働組合からの申入れ、あるいは労働基準監督署への対応であったりといった形でスタートしても、話合いがまとまらなければ、結局は、労働者は弁護士に依頼することがほとんどです。そこで、ここでは、労働者が弁護士に依頼して残業代を請求してくるケースを取り上げて、事業者側の交渉の進め方を解説したいと思います。実際の交渉の進め方は、事案により様々ですが、基本となる交渉モデルを示して説明したいと思います。

3 タイムカードの開示要求にどう対応するか

① 開示を求められる理由

　労働者が弁護士に依頼して未払い残業代を請求してくるケースでは、まず、タイムカードの開示を求められることが通常です。また、勤怠管理システムを導入している事業者では、その勤怠記録の開示を求められることが通常です。これは、労働者が未払い残業代の請求をするためには、就業開始時刻と業務終了時刻を勤務日ごとに特定することが原則として必要になり、タイムカード等がその裏付け資料になるものだからです。

　さらに、就業規則や賃金規程の開示を求められることもあります。これは、残業代の計算の際は、就業規則や賃金規程で具体的な計算方法や固定残業手当の有無等について確認する必要があるためです。

　その他にも、労働者側弁護士から、以下のような資料の開示を求められることがあります。

■労働者側弁護士から開示を求められることが多いその他の資料の例

- ・労働条件通知書や雇用契約書
- ・業務日報
- ・賃金台帳
- ・給与明細
- ・労働時間の記録となり得る資料（例えば運送業ではタコグラフ、運転日報、点呼記録簿等）

3　タイムカードの開示要求にどう対応するか　181

開示拒否は適切ではない

　このように開示を求められた場面で、**事業者側が最もやってはいけない対応は、これらの資料の開示を理由なく拒むこと**です。特に、タイムカードについては、裁判例においても、事業者は労働者からタイムカード等の開示を求められた場合には、特段の事情のない限り、保存しているタイムカード等を開示すべき義務を負うとされています（❷医療法人大生会事件・大阪地方裁判所判決平成22年7月15日）。相談事例のように事業者が労働者を管理監督者として扱っていた事案でもこれがあてはまるかは議論の余地もありますが、事業者として交渉での解決を目指すのであれば、管理監督者性を主張する場合でも、労働者側にタイムカードを開示したうえで交渉することが適切です。事業者からタイムカード等の開示を拒まれると、労働者側としては交渉で解決することができなくなり、訴訟や労働審判を起こすほかなくなるからです。そして、タイムカード等がなくても訴訟や労働審判を起こすことは十分可能なのです。

　さらに、特に訴訟では、文書提出命令という制度が利用されます。訴訟の審理に必要なタイムカード等の資料を事業者側が提出しない場合、この制度により、裁判所から提出を命じられます（民事訴訟法223条1項）。そして、それでも提出しない場合は、労働者が主張する残業時間について証拠がない場合でも、裁判所は労働者の主張どおりの残業時間を認めることができることになっています（民事訴訟法224条）。このように、交渉段階で事業者がタイムカード等の開示を拒むと、訴訟や労働審判に発展するうえ、それでも開示拒否を続けると、どんどん事業者側が不利になっていきます。そのため、労働者側弁護士からタイムカード等の資料の開示を求められれば、開示に応じることが適切です。

③ 労働者側弁護士が設定した期限に遅れる場合の対応

　労働者側弁護士からの書面には、例えば「２週間以内に開示に応じなければ法的措置をとる」などと期限を設定する文言が入っていることも多いです。しかし、労働者側も実際に訴訟を起こすとなると費用や労力の負担は大きいです。また２週間といった短い期間で訴訟を起こすことは難しいのが通常です。そのため、あまり**このような一方的な期限設定に神経質になる必要はありませんが、期限に間に合わない場合は、自社が依頼する弁護士を通じて労働者側弁護士にいつごろ開示できるかを連絡しておくのがよいでしょう。**

4 事業者からも労働者に対して資料の開示を求める

 労働者側の資料も踏まえて正しい見通しをたてる

　タイムカード等の資料を労働者側に開示したら、労働者側弁護士から具体的な計算根拠と額を示して、残業代の請求があることが通常です。この場面で**事業者が取り組むべきことは、労働者の請求がどの程度客観的な証拠に基づくものかをよく確認し、訴訟になった場合の見通しを正しく立てることです。**

ア　事業者による労働時間の把握が不十分だったケースは要注意

　特に、事業者による労働時間の把握が不十分で、タイムカードに打刻漏れがあったり、そもそもタイムカードがなかったりする場合は、勤務日ごとの労働時間が何時間何分だったかという点について、事業者側の認識と労働者側の主張が食い違うことがよくあります。例えば、事業者側の認識としては午後7時ごろには退社していたと考えているのに、労働者が毎日午後10時まで働いていたなどと主張してくるケースです。そのような場面では、労働者側の主張する労働時間についてどのような証拠があるかをよく確認する必要があります。労働者側の労働時間の主張が「労働者の記憶によるものにすぎず客観的な証拠がないケース」では、訴訟になった場合に労働者側の主張する労働時間がそのまま認められる可能性は高くありません。労働者側の労働時間の主張が「一応本人の手書きのメモなどに基づくものではあるが客観的な証拠により根拠付けられているとは言えないケース」につい

ても同様です。これに対して、労働者側の労働時間の主張が「ある程度信用性の高い証拠により根拠付けられているケース」では、裁判所が事業者による労働時間の把握が不十分だったことも考慮して、労働時間についての労働者側の主張を認める可能性が高まってきます。

イ　労働者側の証拠による労働時間の主張が認められた例

　実際にも、事業者による労働時間の把握が不十分だった事案で、労働者側提出の証拠による労働時間の主張を認めた裁判例が多数あります。

　例えば、❸有限会社スイス事件（東京地方裁判所判決令和元年10月23日）では、労働者はGooglemapの付属機能であるタイムライン機能による記録を、労働時間を立証するための証拠として裁判所に提出しました。このタイムライン機能は、スマートフォンのGPSを自動で感知し、スマートフォンの移動や滞在の場所と時間を自動で記録する機能です。裁判所は、本来、事業者は労働時間を適切に把握すべきであるのに、事業者から労働時間についての客観的な証拠が提出されなかったことなどを指摘して、労働者側の主張に沿っておおむねタイムライン機能の記録どおりの労働時間を認定しました。

　また、❹ツヤデンタル事件（大阪地方裁判所判決令和5年6月29日）は、労働者が、業務終了前であっても事業者が指定する特定の時刻にタイムカードを打刻するように会社代表者から指示されていたと主張した事案です。労働者は、実際の業務終了時刻を、タイムカードの時計表示部分を毎日業務終了時に撮影する方法で記録していたとして、その写真を証拠として裁判所に提出しました。この事案で、裁判所は、タイムカード打刻時刻ではなく、労働者撮影の写真により記録された時刻が業務終了時刻であったと認め、事業者に残業代の支払いを命じています。

　そのほかにも、労働者側の記録をもとに残業代の支払いを命じた例として、勤務場所からの出入時刻を自動的に記録する残業代アプリの記録をもとに残業代の支払いを命じた例（❺東京地方裁判所判決令和

4年1月5日）や、労働者のTwitter（現在は「X」）のアカウントで「出勤」「退勤」とツイートした記録をもとに残業代の支払いを命じた例（❻東京地方裁判所判決令和4年9月12日）などがあります。

ウ　労働者側に主張の根拠の開示を求める

　このように、事業者による労働時間の把握が不十分なケースでは、労働者側の証拠による労働時間の主張が認められる例があります。そのため、**各勤務日の労働時間について、自社の認識と労働者の主張が食い違っているときは、労働者側弁護士に対し、労働者が主張する労働時間の根拠となる資料の開示を求めることが必要です。**

　これをせずに、安易に、労働者の主張が手書きのメモなどを根拠とするもので十分な客観的証拠がないと判断することはリスクを伴います。前述のとおり、交渉段階で、訴訟になった場合の見通しを正しく立てることが重要です。ところが、労働者側に資料の開示を求めないまま安易に判断すると、訴訟になった場合に判決で認められるであろう残業代の額を正しい見通しよりも低く考えてしまうおそれがあるのです。そして、そのような誤った見通しを持ってしまうと、事業者側から労働者側に対して不合理に低額の解決案を提示してしまうことになるでしょう。労働者側の労働時間の主張が客観的証拠に基づくものであった場合、労働者側はそのような提示に納得せず、交渉が決裂して、訴訟になってしまいます。

労働者から開示された資料の信用性を十分検討する

　労働者側からその主張の根拠となる証拠資料が開示されたときは、開示された証拠資料の信用性を十分検討することも必要です。

　例えば、前述の❸有限会社スイス事件は、飲食店の従業員が自身のスマートフォンの位置情報を示すタイムライン機能による記録を証拠として会社に残業代請求をした事案です。このタイムライン機能によ

る記録は、その仕組み上、ユーザーが事後的に編集することが可能です。労働時間が長かったように見えるように従業員が後から記録を編集することもできるため、完全に客観的な証拠とは言えません。しかし、裁判所は、この事案において、タイムライン機能による記録が示す店舗滞在時間は、休憩時間を除いて労働時間であったと認めました。その理由として、従業員が提出した記録が店の営業時間等とおおむね整合している一方、会社が客観的証拠を提出してこれに反論していないこと等を挙げています。このように、ユーザーが編集可能な記録であるからといって、直ちに証拠として意味がないと考えてよいわけではありません。

　また、労働時間以外の部分についても、労働者側の主張の内容に不明な点があるときは、労働者側弁護士に対し、詳細な説明を求めることが大切です。例えば、残業代の計算単価について労働者側と主張が食い違う場合は、労働者側の主張内容の詳細な説明を求めるべきです。さらに、労働者側の主張のうち証拠の有無が不明な点は、労働者側弁護士に対し、証拠の開示を求めることが必要です。そうすることによって、労働者側の主張が訴訟になったらどの程度認められそうかという事業者側のリスクの程度を正しく把握することが、交渉の方針を決めるうえで重要になります。

労務管理の見直しも必要

　ここまで、特に事業者による労働時間の把握が不十分な場合を想定して、労働者側に手持ちの証拠資料の開示を求める必要性について説明しました。ただし、**タイムカードに打刻漏れがあったり、タイムカードがなかったりするというのは、正しい労務管理ができていない状況です。このような場合、労務管理の見直しも必要です。**

　労働基準法上、事業者は、賃金計算のために、労働者の労働時間を

正確に把握して、賃金台帳に記録する義務があります（労働基準法108条）。そして、この労働時間の把握は、原則として以下のいずれかの方法によることが必要です（厚生労働省の「労働時間の適正な把握のために使用者が講ずべき措置に関するガイドライン」）。

■労働時間の原則的な把握方法

① 使用者が自ら労働者の就業開始・業務終了を実際に確認することにより労働時間を記録する方法
② タイムカード・ICカード・パソコンの使用時間の記録等の客観的な記録を基礎として確認して記録する方法

　労働者に作成させる業務日報に就業開始時刻、業務終了時刻を記載させることにより労働時間を把握している事業者もありますが、労働者の自己申告による把握は、そのような方法によらざるを得ない場合に限り、認められています。

　なお、管理監督者については、このガイドラインは適用されません。しかし、管理監督者についても、過重労働防止の観点から、タイムカードやパソコンの使用時間の記録などの客観的な方法その他の適切な方法で労働時間の状況を把握することが義務付けられています（労働安全衛生法66条の8の3、労働安全衛生規則52条の7の3）。したがって、一般の従業員にタイムカードを打刻させる場合、管理監督者にも打刻させることが適切です。

5 労働者側から過大な請求を受けたときは全面的な反論をする

⟨1⟩ 全面的な反論で期待値を下げる

　労働者側の主張内容や証拠資料を確認した後は、労働者が請求している残業代の額が妥当なものかを事業者として検討します。**検討の結果、労働者の請求額が事業者として当然支払うべきものである場合は、すみやかに支払うべきです。**当然支払うべき額について、これを減額しようとしたり、免れようとして交渉したりすることは適切ではありません。割増賃金を支払わなければならない状況であることを認識しているのに支払いをしないことは刑事罰の対象とされていることに留意すべきでしょう（労働基準法119条1号）。

　一方、検討の結果、労働者の請求額が、訴訟になれば支払いを命じられるであろう額に照らして過大であると考えられる場合は、事業者側から、減額の交渉をすることが必要になります。173ページで説明したとおり、残業代の支払いをめぐって労働者とトラブルになる多くの場面では、支払うべき金額が法律の条文だけで明確に決まるわけではなく、このような交渉の必要が生じます。そして、この**減額の交渉を効果的に行うためには、まずは、事業者側から労働者の請求に対して全面的な反論を行う必要があります。**このことは、事業者側が最終的には訴訟に発展することを避け、交渉でまとめたいと考えているときでも同じです。

　残業代の請求については、事業者側からも様々な反論が可能ですが、その中には、訴訟になった場合に比較的認められやすい反論と、簡単には認められない反論があります。例えば、労働者がタイムカー

5　労働者側から過大な請求を受けたときは全面的な反論をする　189

ドの記録に基づいて残業代の請求をしている場面で、事業者から「労働者は業務終了後に同僚との雑談や喫煙などによる休憩をしてからタイムカードを打刻していたから、タイムカード上の退勤時刻まで働いていたわけではない」といった反論をしても、訴訟では簡単には認められません。タイムカードで労働時間の管理がされている場合、裁判所は、その記録された時間は労働時間であると認める傾向にあり、事業者側から、労働時間でない時間が含まれているという主張をしても特段の事情がない限り、認められないのです。一方で、「請求されている残業代のうち3年以上前のものは時効にかかっている」とか「持ち帰り残業があったとして残業代を請求しているが、会社は自宅での残業を指示していない」といった反論は、訴訟でも比較的認められやすい反論です（この点の詳細は193ページ参照）。

　このように、簡単には認められない反論と、比較的認められやすい反論がありますが、まずは、考えられるすべての反論を行うことで、労働者側に訴訟になったら細かい点も全面的に反論されて苦労することになると思わせることも必要です。労働者は、弁護士に頼めば残業代について請求どおりの支払いが簡単に得られるだろうと考えているかもしれません。ここで、**労働者側からの過大な請求に対して全面的に反論することは、請求どおりの額が簡単に認められるわけではないことを労働者側に認識させて、労働者側の期待値を下げる意味があります。**期待値を下げておくことで、次の「**6　落としどころを見つけて最終の解決案を示す**」で説明する最終の解決案の提示の場面で、労働者側の請求の大半を認めるような不合理に高い金額を提示しなくても、交渉がまとまる土壌をつくっておくことが大切です。

　また、このような反論をする際に、自社で十分に労働時間の把握ができておらず、労働者が主張する就業開始時刻や業務終了時刻が事実かどうかわからない場合は、労働者の主張する就業開始時刻や業務終了時刻を安易に認めてしまわないことも大切です。十分に検討せずに安易に労働者の主張を認めてしまうと、万一交渉が決裂して訴訟になったときにその部分を争うことが困難になります。

交渉に枠を設定する

　そして、**このような全面的な反論をしつつも、自社の反論がすべて認められたとしても支払うべき残業代があるときは、その額については支払う意思があることを労働者側に回答することが適切です**。労働者が請求している残業代の額が過大である場合も、事業者として当然支払うべき部分があるときは、その額については支払う意思があることを労働者側に回答するべきです。例えば、労働者側から330万円の請求がされ、自社から全面的な反論をしつつも、自社の反論がすべて認められたとしても支払うべき残業代、言い換えれば事業者として当然支払うべき残業代が50万円あるというときは、50万円なら支払うという回答をすることになります。このように対応することで、「労働者の請求額である330万円と、自社からの回答額である50万円の間で解決する」という今後の交渉の「枠」を設定することを意識しましょう。

　また、事業者として全面的な反論をしつつも交渉での解決を目指す際は、反論を受けた労働者側からいきなり訴訟が起こされるという事態を避ける必要があります。そのためには、全面的な反論をする際の書面の最後に「以上述べた反論をもとに会社としてお支払いできる残業代の額を計算すると50万円になります。もっとも、当方としても話合いでの円満な解決ができればと思います。ご検討をお願いします。」などと、交渉に応じる意思を示す文章を入れておくとよいでしょう。

6 落としどころを見つけて最終の解決案を示す

1 訴訟になった場合の見込み額が基本的な基準になる

　事業者側から全面的な反論を行うと、これに対して、労働者側からも再反論があることが通常です。そして、**交渉での解決のためには、労働者側からの再反論を受けた段階で、事業者側から落としどころを見つけて最終の解決案を示すことが必要です。**

　そして、**この最終の解決案を考えるにあたっては、「訴訟になればどのくらいの金額の残業代の支払いを命じられそうか」という訴訟になった場合の見込み額が基本的な基準になります。**例えば、訴訟になれば200万円程度の支払いを命じられそうだという場面で、仮に事業者側から最終の解決案として100万円なら支払うという提示をしたとしても、労働者側の弁護士が見ればそれなら訴訟をしたほうがよいということになり、交渉が決裂してしまうためです。

　ただし、交渉段階では177ページで説明した遅延損害金や付加金は支払わずに解決できることがほとんどです。最終の解決案を考えるにあたって、遅延損害金や付加金を考慮する必要はありません。

2 反論が認められる見込みの程度を正しく理解する

　そして、「訴訟になればどのくらいの金額の残業代の支払いを命じられそうか」を検討するにあたっては、訴訟になった場合に事業者側からの反論がどの程度認められそうかを丁寧に見極める必要がありま

192　第3章　未払い残業代トラブルの円満解決

す。この点、「**5** 労働者側から過大な請求を受けたときは全面的な反論をする」のところで説明した事業者側からの「全面的な反論」は、訴訟になれば認められる可能性がほとんどないような反論も含めて、考えられるすべての反論をするものです。訴訟になった場合にこのときに主張した反論がすべて認められるわけではありません。「訴訟になればどのくらいの金額の残業代の支払いを命じられそうか」を検討するにあたっては、認められる可能性がほとんどないような反論は通らないものと考えて、金額の見込みを立てる必要があります。このように、**事業者側から提示する最終の解決案を考える段階では、事業者側の反論が認められる見込みの程度を理解することが大切です。**

　反論が認められる見込みの程度については、個別の事案ごとの判断になり、弁護士への相談が必要です。その判断基準を詳細に説明することは、本書の本題からやや外れるため控えたいと思いますが、おおまかに概要を示せば、以下の表のように整理することも可能です。

比較的認められやすい反論	消滅時効にかかっている	賃金請求権は賃金支払期日の翌日から３年で時効にかかります（労働基準法115条、附則143条３項）。時効期間が経過した残業代については、事業者が時効の完成を主張すれば、原則として支払義務はなくなります。ただし、この時効の期間については変更に向けた議論もされており、今後の動向に留意が必要です。
	基本給などとは別に固定残業手当を支払っており、残業代は支払い済みである	固定残業手当が時間外労働の対価として支払われるものであることが就業規則や労働条件通知書で明確になっている場合は、時間外労働についての支払いであると認められることが原則です。ただし、固定残業手当に対応する時間外労働の時間数が長時間すぎる場合は、労働者側から、労働者の健康を損なう危険があり公序良俗に反するなどとして、固定残業手当の合意の効力を否定する主張がされる例が見られます。また、固定残業手当に対応する時間外労働の時間数と実際の時間外労働の時間数の差が大きい場合は、労働者側から、実質的に見て時間外労働の対価とは言えないとして固定残業手当の合意の効力を否定する主張がされる例があります。
	就業規則で定められた始業	就業規則で定められた始業時刻より前の残業は、早出残業などと呼ばれます。早出残業は、就業規則で定

6　落としどころを見つけて最終の解決案を示す　193

	時刻より前に出勤して残業したとして残業代を請求しているが、会社は始業時刻前の就業を指示していない	められた始業時刻より前の時間であるにもかかわらず使用者の指揮命令下にあったことについて、労働者側から具体的な主張・立証がなければ、残業代の支払義務の対象とはなりません（白石哲編著『労働関係訴訟の実務［第2版］』（商事法務、68頁参照））。裁判例にも、「所定始業時刻が決まっている場合、遅刻しないように余裕をもって出勤すること、乗換えが便利である、着席することができるなどの通勤時の交通事情から、早く事業場に到着する交通手段を選択すること、家庭の事情など、労働者側の事情によって、特に業務上の必要性がない場合であっても所定始業時刻より早く出勤することがあることからすれば、タイムカードの打刻があることをもって直ちに始業時刻と認めることはできない」旨を判示した例があります（❼大阪地方裁判所判決令和4年8月15日）。
	持ち帰り残業の残業代を請求しているが会社は自宅での残業を指示していない	自宅には使用者による指揮命令が及ばず、持ち帰り残業は使用者による指揮命令下の労働とは認められないことが通常です。労働者が使用者から持ち帰り残業を指示された場合にのみ労働時間となり得ます。また、労働者側が、自身の私生活と区別して自宅等で就業した時間数を立証できなければ、残業代の支払義務の対象とはなりません（この点を判示した裁判例として❽エム・テックス事件・東京地方裁判所判決令和3年9月10日等）。
	自主的な自己研鑽の時間である	自主的な自己研鑽の時間は労働時間にあたりません。例えば、❾ルーチェほか事件（東京地方裁判所判決令和2年9月17日）は、美容室で営業時刻終了後に店舗で行われるカット練習会の時間について、この事案の事情のもとでは従業員の自主的な自己研鑽の場という側面が強かったとして労働時間にあたらないと判断しています。
ケースによっては有効な反論	管理監督者だから時間外労働の割増賃金・休日労働の割増賃金の支払義務がない	管理監督者にあたるかどうかは、①その労働者に実質的に経営者と一体的な立場にあると言えるだけの重要な職責・権限が付与されていたか、②出退勤の自由があるなど、自身の裁量で労働時間を決めて勤務することが認められていたか、③給与等に照らし管理監督者にふさわしい待遇がなされていたかという点を総合的に考慮して判断されます（❶コナミスポーツクラブ事件等）。一般的な「管理職」の意味合いとは異なり、管理監督者にあたる範囲は限定されていることに注意する必要があります。

	残業の事前承認制を採用していたのに、無許可で残業をして残業代を請求している	使用者の指揮命令によらない自発的な残業については残業代の支払義務は発生しません。そのため、残業には事前の承認が必要であるとしたうえで無許可の残業を禁止していたのであれば、無許可で行った残業については、残業代の支払義務は発生しません。ただし、無許可の残業が明確に禁止されていなかったり、使用者が無許可の残業を黙認・許容していたりした場合、無許可の残業についても使用者による指揮命令下にあったとして、残業代の支払いを命じる例も多くなっています（❿大阪地方裁判所判決令和３年11月16日等）。
	業務委託契約であり、残業代は発生しない	雇用契約ではなく、準委任契約や請負契約と評価される契約である場合は、労働基準法の適用がありません。そして、準委任契約や請負契約では、特に契約による定めがない限り、残業代は発生しません。ただし、契約書の名称として業務委託契約などといった名称を使用していても、指揮監督関係がある等の事情を考慮して実質的に雇用契約であると判断されることがあります。その場合は、割増賃金の支払いを要します（⓫ブレイントレジャー事件・大阪地方裁判所判決令和２年９月３日等）。
簡単には認められない反論	業務終了後に休憩してからタイムカードを打刻していたから、タイムカード上の退勤時刻まで働いていたわけではない	タイムカードやICカードで労働時間の管理がされている場合、裁判所は、その記録された時間は労働時間であると認める傾向にあります（⓬プロッズ事件・東京地方裁判所判決平成24年12月27日、⓭WILLER EXPRESS西日本ほか１社事件・東京地方裁判所判決平成25年４月９日等）。事業者側から労働時間でない時間が含まれているという主張をしても認められることは少ないです。
	事業場外労働のみなし労働時間制の適用により、残業代は発生しない	社外で就業する労働者について、労働時間の算定が困難なときは、所定労働時間労働したものとみなされて、残業代の支払義務が発生しないことがあります（労働基準法38条の２第１項本文）。事業場外労働のみなし労働時間制と呼ばれます。ただし、これまでの裁判例では、社外で就業する労働者であっても、労働時間の算定が困難であったとは言えないとしてこの制度の適用を認めなかった例が多数にのぼります。なお、令和６年に最高裁判所が、事業場外労働のみなし労働時間制の適用を認めなかった高等裁判所の判決を破棄した例があり（⓮協同組合グローブ事件・最高裁判所

		判決令和6年4月16日)、今後、従来よりは緩やかに適用が認められる方向性になるかどうかが注目されます。
	口頭で残業代込みの基本給であると説明していた	判例上、割増賃金の支払いと認められるためには、通常の労働時間に対する賃金にあたる部分と、割増賃金の支払いにあたる部分を判別できることが必要です（❶医療法人社団康心会事件・最高裁判所判決平成29年7月7日等）。口頭で残業代込みの基本給であると説明していたにすぎないという場合、この要件を欠くことが多く、通常は左記のような主張は認められません。

　なお、事業者側の反論が認められる見込みの程度を適切に判断するためには、訴訟になったら提出されるであろう労働者側の主張と証拠を可能な限りすべて確認したうえで判断することが必要です。このうち、労働者側の主張については、「**5　労働者側から過大な請求を受けたときは全面的な反論をする**」のところで説明した自社による反論に対する再反論として労働者側から提出される書面で、その内容を把握できます。また、訴訟になったら提出されるであろう労働者側の証拠については、「**4　事業者からも労働者に対して資料の開示を求める**」のところで説明したとおり、労働者側に証拠の開示を求めていくことが大切です。

割合的な判断も検討する

　では、相談事例で問題になっている「管理監督者」にあたるかどうかが争点となるような事案では、どのように交渉していくべきでしょうか。

ア　管理監督者とは認められないことが明らかな事案の場合
　まず、**自社において「管理監督者」と扱っていた労働者であっても、訴訟になれば「管理監督者」とは認められないことが明らかな**

ケースでは、**管理監督者ではないことを前提に事業者側から提示する最終の解決案を考える必要があります。**

　前述のとおり、管理監督者にあたるかどうかは、①その労働者に実質的に経営者と一体的な立場にあると言えるだけの重要な職責・権限が付与されていたか、②出退勤の自由があるなど、自身の裁量で労働時間を決めて勤務することが認められていたか、③給与等に照らし管理監督者にふさわしい待遇がなされていたかを総合的に考慮して判断されます。

　例えば、管理職であっても、経営や人事に関する重要な権限が与えられていない場合は、①の観点から管理監督者と認められる可能性はありません。また、管理職であっても、遅刻、早退、欠勤を管理して、賃金について欠勤控除している場合、②の観点から、自身の裁量で労働時間を決めて勤務することが認められているとは言えず、管理監督者と認められる可能性はほぼありません。さらに、③の観点からは、年収600万円以下の場合、これまでの裁判例の傾向を踏まえると、管理監督者と認められる可能性はほとんどありません。裁判例の中にも、零細企業の部門責任者の管理監督者性が争われた事案において、管理監督者性を否定する理由付けの中で「年間賃金は530万円程度であり、…労働時間規制の枠組みを超えた労務管理をなさしめることの対価としての十分な待遇がなされていたとは認め難い」と評価したものがあります（❶❻青山リアルホーム事件・東京地方裁判所判決令和3年5月14日）。

　このような労働者について、事業者側が管理監督者であることを前提に最終の解決案を提示したとしても、労働者側弁護士から見れば、訴訟になれば事業者の主張が認められないことは明らかです。そのため、事業者が提示する解決案が受け入れられることは通常ありません。交渉が決裂して、訴訟に発展してしまう可能性が高いでしょう。しかも、訴訟で管理監督者であるという事業者側の主張が通る見込みはなく、事業者が敗訴することになります。このような場合は、事業者側から提示する最終の解決案を、管理監督者ではないことを前

提に考える必要があるのです。

イ　管理監督者と認められることがほぼ確実な事案の場合

　一方、訴訟になれば「管理監督者」と認められることがほぼ確実であると判断できるケースもあります。**このような場合は、管理監督者であることを前提に事業者側から提示する最終の解決案を考えればよいでしょう。**管理監督者であっても、深夜労働の割増賃金については支払義務があります（**⑰**ことぶき事件・最高裁判所判決平成21年12月18日）。

ウ　訴訟での判断について確実な予想ができない事案の場合

　管理監督者にあたるかどうかについて、訴訟でどう判断されるかの確実な予想ができないケースもあります。例えば、176ページで紹介した**❶**コナミスポーツクラブ事件では、第一審の判決、控訴審（第二審）の判決ともに、裁判所は、この事案の元支店長は管理監督者にあたらないと判断しました。その結果、会社は約295万円の残業代の支払いを命じられています。しかし、その一方で、第一審の判決は、会社が、この支店長の権限や待遇からこの支店長が管理監督者に該当すると考えたことには相応の理由があるとも判示し、会社に支払いを命じる付加金の額を90万円にとどめる判断をしました。当時の法令では、裁判所が支払いを命じることができる付加金は、労働者による付加金の請求からさかのぼって2年以内に支払日が到来した割増賃金の合計額が上限であり、この事案では、230万6,486円が上限でした。このことからコナミスポーツクラブ事件は、管理監督者にあたるかどうかの判断が微妙な事案であったことがうかがえます。

　このように**事業者として管理監督者であると考えることに相応の理由があり、訴訟での判断について確実な予想が難しいケースでは、交渉段階で事業者側から提示する最終の解決案を考えるにあたって割合的な判断をすることを検討すべきです。**つまり、訴訟で管理監督者と認められずに時間外労働・休日労働の割増賃金の支払義務を負うと判

断される可能性が6割程度と見込まれるのならば、労働時間をもとに計算した時間外労働・休日労働の割増賃金の6割相当額を最終の解決案として提示するといった考え方です。例えば、管理監督者でないことを前提にすれば330万円程度の支払義務が生じることが見込まれる一方で、管理監督者であると認められれば支払義務なしという判断になることが見込まれるケースでは、330万円×0.6と考えて、約200万円を提示するという考え方です。

　このような事案では、労働者側から見れば、訴訟をした場合に管理監督者にあたると判断されて、請求の大半が認められない結論になるリスクもあります。訴訟になれば労働者側にもリスクがあることや、訴訟をやり遂げるためには労働者側も弁護士費用の負担や労力の負担が必要になることからすれば、6割相当額の提示であっても労働者側は了解する可能性があると言えるでしょう。ここで労働者側の了解を得るためには、「**5**　労働者側から過大な請求を受けたときは全面的な反論をする」で説明した事業者側の反論によって、労働者側に管理監督者性が認められる可能性が十分にあることを理解させておくことが必要です。

④ 労働者側の事情も見極める

　ここまで説明したように、最終の解決案をいくらで提示するかを考えるにあたっては、訴訟になった場合の結論の見込みを検討することがまず必要です。しかし、**交渉ではそのような訴訟になった場合の見込みだけでなく、どのくらい相手が解決を急いでいるかや、相手の請求の目的といった相手の事情も見極めたうえで解決案を決める必要があります**。例えば、労働者が金銭を得ることを急いでおらず訴訟による解決もいとわない意向であるケースでは、労働者が金銭を得ることを急いでいるケースや転職先が決まって本音では前職との訴訟をかかえたくないと思っているケースに比べて、高い解決案を提示する必要

6　落としどころを見つけて最終の解決案を示す　199

があるでしょう。

　また、弁護士を通さずに労働者本人から請求があった場面では、労働者が何らかの理由によって訴訟になれば高額の残業代が支払われると誤解してしまっていることがあります。その場合、事業者側から適切な解決案を提示していても、労働者側の誤解が原因で交渉がまとまらない危険があります。このような場面で、事業者側が労働者に最終の解決案を提示したまま放置してしまうと、いきなり労働審判が起こされるといったことも起こり得ます。そのため、解決案を提示したまま放置するのではなく、事業者側弁護士が労働者本人を呼んで会って話をすることも検討すべきでしょう。会って話をすることで、なぜ解決案に合意できないで交渉がとまってしまっているのかについて、労働者の意向や事情がわかり、解決への道が開けることがあります。

⑤ 解決案は丸い金額のみを示す

ア　詳細な説明をする必要はない

　最終の解決案を示すときは、**200万円、220万円などというように、端数のない丸い数字で提示するのがよいです。**また、特に労働者側に弁護士がついている場合は、そのような解決案について根拠や計算式を示す必要はありません。金額だけを伝えて、労働者側に検討を促せば十分です。労働者側から根拠や計算式を尋ねられても、「会社として本件を解決するために適切と考える金額を提示しました」などと答えるのにとどめるのがよいでしょう。

　この点については、解決案について詳細な説明をしたほうが、労働者側に理解してもらいやすいという考え方もあり得るところです。しかし、詳細に説明しようとすると、残業代請求の対象となっている各勤務日の労働時間をそれぞれ何時間何分と考えるべきかといった点や、残業代の計算単価をどのように考えたのかといった点について、それぞれその根拠の説明が必要になります。このうち、各勤務日の労

働時間については、就業開始時刻が何時何分で、業務終了時刻が何時何分だったかということだけでなく、就業規則どおり休憩がとれていたかどうかといった点などが問題になります。また、残業代の計算単価（1時間あたりの賃金額）についても同様に多くの争点があります。例えば、住宅手当や家族手当、固定残業手当等を支給している場合、それが残業代の計算単価から除外されるかどうかといった点などが問題になります。そして、これらの項目の1つずつについて、労使で主張が対立することが想定されます。そのため、事業者側から詳細な説明を示しても、それについて労働者側の立場から反論されることになり、交渉がまとまりません。

イ　合意のために必要な事柄を正しく見極める

　そもそも、**残業代の交渉をまとめるために合意に至る必要があるのは、「支払金額の総額」と「支払日」だけです**。各勤務日の労働時間や、残業代の計算単価といった個別の論点について労使で意見が食い違っていても、支払金額の総額と支払日さえ合意に至れば解決できるのです。それにもかかわらず、解決案について詳細な根拠を示そうとすると、各勤務日の労働時間や残業代の計算単価といった個別の論点についても1つずつ労使の意見をすりあわせなければ最終の合意ができないことになりかねません。これでは合意までたどりつくことが困難になってしまいます。

　また、解決案について根拠を示して説明するという考え方は、前述のとおり、論点によっては割合的な判断をするべきケースがあることを踏まえても適切ではありません。例えば、「管理監督者と認められない可能性が6割くらいありそうなので6割で提示しました」といった説明を事業者側から労働者側にすることはできないでしょう。

　このように考えていくと、最終の解決案は、1円単位の数字を示すべきではありません。ざっくりと端数のない丸い数字で提示することが適切なのです。1円単位の数字で解決案を提示した場合、その計算根拠はどうなっているのだという労働者側からの問いを招きやすくな

6　落としどころを見つけて最終の解決案を示す　201

ります。

源泉徴収義務にも注意

　事業者が未払い残業代を支払う場合、事業者には源泉徴収の義務があります（所得税法183条１項）。これは従業員に給与や賞与を支払う際に源泉徴収をしなければならないのと同じです。ただし、労働者側から見れば、源泉徴収されれば手取り額が減ることになります。そのため、**未払い残業代の支払いについて合意に至った場合に、自社が合意額から源泉徴収したうえで労働者に支払う予定のときは、最終の解決案を提示する際に、源泉徴収予定であることを明記したうえで提示することが適切です**。これを忘れると、合意額全額の支払いを得られると思っていた労働者側と後でトラブルになる危険があるため、注意してください。

　なお、労働者との間で未払い残業代のトラブルだけでなく、別のトラブル（例えばハラスメントトラブルや解雇トラブルなど）もあることがあります。このような複数のトラブルをあわせて解決する場合は、事業者から労働者に対して「未払い残業代」の名目ではなく、「解決金」の名目で金銭を支払うことが多いです。この場合も、理論上は、「解決金」のうち、残業代としての性質をもつ部分については、源泉徴収の義務があります。しかし、実際上は、このような「解決金」は、そのうちどの部分が残業代にあたるのかについて、事業者側と労働者側の認識の一致がなく、むしろそのような内訳をあいまいにしたうえで総額のみ合意して紛争を解決するものです。そのため、このような「解決金」については、合意により紛争を解決するための金銭であるという以上に、その法的性質を確定することが困難なことがほとんどです。したがって、源泉徴収をせずに支払った場合も、実際上、税務署から源泉徴収義務の違反を指摘されることは考えにくいと言えるでしょう。裁判例の中にも、賃金請求とそれ以外の請求をあわ

せて解決するために事業者側が「解決金」を支払う和解をした事案における「解決金」について、「その法的性質を確定することは事実上極めて困難」として、源泉徴収義務の対象とならないことを判示したものがあります（❽長崎地方裁判所判決平成30年6月8日）。

7　合意書を作成する

 合意書の作成が完了してから支払いをする

　残業代について交渉がまとまった場合は、必ず、労働者との間で合意書を作ることが必要です。筆者が過去に相談を受けた事例では、残業代不払いを指摘された事業者がこれを早期に解決しようとして合意書を作成しないまま労働者に支払いをしたために、後日、労働者からその支払いは退職金だと主張されて、再度、未払い残業代の請求を受けたというものもありました。

　合意書を作成する際は、必ず、交渉で合意に至った額のほかは事業者に対して一切の請求をしないことを、労働者側に誓約させる内容の条項を盛り込みます。そして、作成した合意書を事業者側から労働者側に送付して返送を求めます。**労働者側が署名、押印した合意書が事業者側に返送されたことを確認したうえで、はじめて労働者に対する支払いをするべきです。合意書の作成が完了する前に、支払いをすべきではありません**。標準的な合意書案としては次ページのようなものが考えられます（書式１）。

■書式1　未払い残業代トラブル解決の際の合意書の例

合　意　書

　株式会社○○○○（以下「甲」という）と○○○○（以下「乙」という）は、甲乙間の雇用契約および雇用契約期間中の甲乙間の一切の紛争について、以下のとおり合意し、解決する。

1　甲は、乙に対し、未払賃金として金○○○万円の支払義務があることを認める。
2　甲は、乙に対し、令和○年○月○日限り、前項の金○○○万円から源泉徴収税額を控除した残額を、乙の給与振込口座に振り込み送金する方法により支払う。振込手数料は甲の負担とする。
3　甲および乙は、口頭、書面、メール、ＳＮＳ、クチコミサイト、その他の手段を問わず、相手方（甲の役員、従業員、取引先、提携先を含む）に対する批判や苦情を発信して誹謗中傷する行為をしない。
4　甲および乙は、本合意書の存在および内容、ならびに甲乙間の紛争の経緯の一切について、これを秘密として保持するものとし、法令上要求される場合など正当な理由のある場合を除き、第三者に対してこれを開示し、または漏洩しない。
5　甲および乙は、甲乙間に、本合意書に定めるほか、未払い賃金、安全配慮義務違反にかかる損害賠償請求、その他理由の如何を問わず、また、現在甲乙間で既に顕在化している紛争に関するものか否かを問わず、何らの債権債務もないことを相互に確認する。ただし、乙に適用される甲の就業規則および乙が在職中に甲に提出した誓約書のうち、退職後の乙の義務について定める部分については引き続き効力を有するものとする。
6　甲および乙は、理由の如何を問わず、相手方および相手方の役員に対し、裁判上、裁判外を問わず、本合意書に定めるほか、何らの請求もしない。また、甲乙間の紛争に関し、行政機関に対する申告を行わない。

　本合意の成立を証するため、本合意書２通を作成し、各１通ずつ所持する。

令和　　年　　月　　日

　　　　　　　　　　　甲　　　　　　　　　　　　　　印

　　　　　　　　　　　乙　　　　　　　　　　　　　　印

7　合意書を作成する　205

なお、このような合意書は、合意により支払いを受ける金額以外の賃金請求権を労働者に放棄させる内容を含むものです（**書式1の5項、6項参照**）。判例上も、労働者の自由な意思に基づいて労働者に賃金を放棄させることは認められています（❶シンガー・ソーイング・メシーン事件・最高裁判所判決昭和48年1月19日等）。割増賃金は労働基準法上支払いが義務付けられる賃金ですが、労働者の自由な意思に基づく放棄が認められることは、割増賃金についても同様です。裁判例の中にも、退職合意書において一定の金銭の支払いに合意したうえで、そのほか何らの債権債務がないことを相互に確認する条項を設けた事案で、このような退職合意書の条項によって割増賃金は精算されて消滅したと認めたものがあります（❷ユーグレナ事件・東京地方裁判所判決平成25年12月3日）。未払い残業代トラブルの解決のための合意の場面で、労働者も自身が依頼する弁護士に相談したうえで「合意により支払いを受ける金額のほかは事業者に対して何らの請求もしないこと」に合意しているのであれば、放棄は自由な意思に基づくものであると考えて問題ありません。

② 事業者側から要望すべき点は事前に解決する

　合意書を作成する際は、作成の前に事業者側から労働者に要望するべき点がないかを最終確認しておくことも必要です。例えば、残業代請求をしている労働者が書き込んだと思われる事業者についてのネガティブな投稿がネット上で見つかることがあります。そのような場合には、合意書を作成する前に削除させたうえで、合意書において今後互いに誹謗中傷をしないことを合意することが適切です（**書式1の3項参照**）。支払額と支払時期について合意ができた段階では、労働者側としても、交渉の決裂を避けて、合意どおりの支払いをうけたいと考えることが通常です。そのため、この段階は、事業者側の要望を労働者側にのんでもらいやすいタイミングです。一方、合意書を作成し

た後に、事業者側から何かを要望をしても、労働者側がこれに応じる可能性は低くなります。そのため、**合意書を作成する前に、事業者側から労働者に要望するべき点がないかを最終確認しておくことが大切**です。

　同様に、事業者が貸与したパソコンや制服、セキュリティカードなどが返却されていない場合は、できれば合意書を作成する前、遅くとも合意した額の支払いをする前に返却してもらいましょう。

8 労働者側の了解ゾーンを広げつつ低めいっぱいをねらう

 交渉の進め方の流れのまとめ

　ここまで説明してきた交渉の進め方の流れを整理すると以下のようになります。

>> **交渉の進め方**
① 　労働者側から残業代請求のためにタイムカードなどの開示を求められたときは、開示に応じることが必要です。

② 　タイムカードなどを開示すると、労働者側から具体的な計算根拠と額を示して、残業代の請求があることが通常です。これに対して、事業者側から、必要に応じて労働者側に資料の開示を求めて、労働者側の請求がどの程度客観的な証拠に基づくものなのかをよく確認します。そのうえで、労働者の請求が過大であると考えられる場合は、事業者側から、まずは全面的に反論するべきです。

③ 　②の反論に対して、労働者側から再反論があることが通常です。この段階で、ここまでで出そろった労働者側の主張と証拠も踏まえて、事業者側として落としどころを検討します。そのうえで最終の解決案を決め、労働者側に提示します。解決案の根拠や計算式は示さずに総額のみを提示しましょう。

④　事業者側の提示を労働者側も了解し、合意がまとまったら、合意書を作成する前に労働者に要望するべき点がないかを最終確認します。事業者側からの要望がある場合は合意書を作成する前に解決しておきましょう。そのうえで、合意書を作成して、支払いを実行することで解決に至ります。

　順調にいけば2か月から3か月程度で解決できるでしょう。**早く解決できることは、交渉による解決の大きなメリットの1つです。**

② 労働者側の了解ゾーンを見極める

　そして、このような交渉がまとまるかどうかは、結局、③のところで提示する最終の解決案が事業者側も了解し、労働者側も了解する範囲内のものかによって決まります。未払い残業代請求についての交渉の場面では事業者側もしぶしぶ金銭を支払うことが実情でしょう。また、労働者側としても当初の請求額がそのまま通るわけではありません。そういう意味では、**事業者側もしぶしぶ了解する範囲で、かつ、労働者側もしぶしぶ了解する範囲の解決案を示せるかどうかがポイントになるわけです。**仮にこの労働者側がしぶしぶでも了解する範囲のことを「ストライクゾーン」と呼ぶとすると、事業者側がストライクゾーン内の解決案を示せるかどうかによって、交渉の成否が決まります。しかし、事業者側から見たときに、この労働者側のストライクゾーンが事前にわかっているわけではありません。事業者側ができるだけ少ない金額で解決したいと思えば、労働者側のストライクゾーンの範囲を予想しつつ、ストライクゾーンの低めいっぱいをねらって解決案を提示することになります。

　そして、③の前のステップである、①②のステップは、このストラ

8　労働者側の了解ゾーンを広げつつ低めいっぱいをねらう　209

イクゾーンの低めいっぱいの解決案を提示するための準備です。請求を受けた最初の段階では全く労働者側のストライクゾーンがわからない状態です。しかし、①のステップでタイムカードを開示し、②のステップで労働者側からの請求額を明らかにさせることで交渉に枠を設定できます。そして、労働者側からの請求が過大であると考えられる場合は、事業者側から全面的な反論を加えることで、労働者側の期待値を下げ、労働者側のストライクゾーンを下に広げていきます。労働者側のストライクゾーンは、基本的には、労働者側が、訴訟をした場合の結論についてどのように予想しているかによって変動します。つまり、労働者側が訴訟をすれば高い金額を得られるという見込みを立てている場合は、低めの解決案を了解するメリットはなく、ストライクゾーンは高くなります。逆に、労働者側が事業者からの反論を受けて、訴訟をしても思っていたような金額を得られないかもしれないと考えるに至った場合は、低めの解決案でも受け入れる余地が出てきて、ストライクゾーンは下に広がっていきます。

　しかし、それだけではなく、労働者側のストライクゾーンは労働者側が訴訟のために負担することになる費用や労力の程度、そして労働者側がどの程度解決を急いでいるかによっても変動します。例えば、労働者側が訴訟のために多くの費用や労力を負担する必要はない、つまり、簡単に勝訴判決が得られると考えている場合は、低めの解決案を我慢して受け入れる理由がないことになり、ストライクゾーンは高くなります。また、労働者側が金銭を得ることを急いでいないケースでは、労働者側に訴訟を避けて早期に解決しようという動機が働きにくいのでストライクゾーンは高くなります。

　②のステップで、全面的な反論をすることは、訴訟をした場合の結論についての労働者側から見た見込みを当初の見込みよりも低いものに下げることにつながります。また、労働者側が訴訟のために負担することになる費用や労力が大きいことを意識させることにもつながります。その結果、労働者側のストライクゾーンが下に広がり、低い解決案でもストライクゾーンに入りやすくなります。この広がった状態

のストライクゾーンの低めいっぱいを、①②の過程で得た情報をもとに事業者側が予想して見極め、最終の解決案を提示することで、交渉成立を目指すのです。ただし、割増賃金の支払いは労働基準法上の義務であり、労働基準法上当然支払うべき部分についてまでいくらでも減額してよいという考え方は適切でないことにも留意してください。

9 交渉が失敗する原因

　ここまで、未払い残業代請求のトラブルを訴訟になる前に交渉で解決するための進め方について説明しました。一方で、交渉が決裂して訴訟に至ってしまうケースもあります。そして、未払い残業代請求のトラブルの中には、事業者側から見た場合に、訴訟ではっきりと労働者の請求を退けたほうがよい例もありますが、そういった例は少数であり、ほとんどは交渉でまとめたほうがよいケースです。そのような交渉でまとめたほうがよいケースであっても、交渉が失敗に終わってしまう場合のよくある原因について、以下で説明しておきたいと思います。

⟨1⟩ 依頼すべき弁護士の選択を誤る

　168ページの相談事例のように残業代の請求を受けたことについて感情的になってしまう経営者も少なくありません。そのような場面では、「交渉でいくらか支払って訴訟になる前に解決してしまいましょう」と提案する弁護士よりも、「徹底的に戦いましょう」という提案をする弁護士のほうが頼りがいがあるように見えてしまうことがよくあります。

　例えば冒頭の相談事例のような事案では、200万円くらいが交渉での解決の現実的な目標であると説明しました。しかし、事業者から相談を受けて、「請求に対して徹底的に戦いましょう」と提案する弁護士が訴訟前の交渉を担当した場合に、「330万円の請求に対して200万円払って早期解決を目指すことが合理的です」という提案を事業者に

212　第3章　未払い残業代トラブルの円満解決

することは困難です。仮に解決案を提示するとしても、不合理に低い金額の提示とならざるを得ません。その結果、交渉は決裂して訴訟になってしまいます。そして、**一部の例外を除けば、未払い残業代の請求については、訴訟になり解決に時間がかかればかかるほど、遅延損害金や付加金がつき、事業者側の支払額が雪だるま式に増えるという構造になっています。**

　弁護士から見れば、相談事例のように感情的になっている経営者に対して、「徹底的に戦いましょう」と提案することは非常に簡単です。そのほうが受けがよいし、依頼を得やすいです。しかし、**安易に相談者に迎合するような弁護士に依頼することは、結果的に自社の損失につながります。**

⟨2⟩ 法的な誤解により低すぎる提案をしてしまう

　別の失敗例として、法的な誤解により低すぎる提案をしてしまい、交渉が失敗に終わることがあります。

　例えば、未払い残業代請求で問題になりやすい争点の1つに「労働時間該当性」の論点があります。これは、ある時間が労働時間にあたり、賃金支払いの対象になるかというテーマです。例えば、出張先への移動時間が労働時間にあたるかとか、社内行事への参加時間が労働時間にあたるかといった形で問題になります。

　労働時間該当性が問題になった裁判例の1つとして、マンション管理人が残業代を請求した事案があります。管理人は「就業規則で定められた終業時刻の後も、管理人室の照明を消灯するまでは、業務が発生したときに備えて待機していた。このような待機時間は労働時間にあたるから賃金が支払われていないのはおかしい。」と主張しました。この事案で、管理人は、待機時間中、管理人室の隣の居室において、晩酌をしたり、趣味のプラモデル製作をしたりするなどして過ご

9　交渉が失敗する原因　213

していたこともありました。しかし、裁判所は、結論として、そのような時間も含めて、待機時間は労働時間にあたると判断しました。その理由は、管理人は、晩酌やプラモデル製作をしている間も、管理人室の照明を消灯するまでは、マンションの住人や外来者が来たときは対応する必要がある待機中であったから、事業者の指揮命令下におかれていたと評価できるというものです（❷大林ファシリティーズ事件差戻後控訴審・東京高等裁判所判決平成20年9月9日）。このように、法律上は、業務に従事している時間だけが労働時間になるわけではありません。業務に従事していなくても、業務が生じれば直ちに対応しなければならない状態で待機している時間は「手待ち時間」などと呼ばれ、労働時間にあたります。

　このような点について法的な判断を誤り、労働時間にあたらないという前提で考えて、最終の解決案を作ってしまうと、労働者側から見れば不合理に低い提案となります。その結果、交渉が失敗に終わります。

　法的な誤解による失敗をしないためには、労働事件を専門に扱う弁護士に交渉を依頼することが、まず必要です。そのうえで、自社が依頼した弁護士による説明が自社の考えと異なる場合も、その弁護士の説明をよく聴くことが重要になります。**「労働時間該当性」というようなテーマは法的なテーマです。そのようなテーマについては、弁護士の見解が自社の感覚とは異なると感じるときも、最終的には法律専門家である弁護士の見解を尊重することが失敗をなくすポイントです。**どうしても納得ができない場合も、何の根拠もなく自社の感覚を優先するのではなく、他の弁護士にも相談し、その見解を確認することが適切です。

　この点は、弁護士の立場から見れば、「労働時間該当性」といった法的な論点については、弁護士の責任において判断すべきであり、相談者の希望や意見を安易に採り入れるべきではないということになります。

事前の検討不足により低すぎる提案をしてしまう

ア　裁判例を分析する

　事業者側の事前の検討不足によって、訴訟になった場合の見通しを誤ってしまい、交渉が失敗に終わる例もあります。

　例えば、相談事例で問題になっている管理監督者性については、前述のとおり、①その労働者に実質的に経営者と一体的な立場にあると言えるだけの重要な職責・権限が付与されていたか、②出退勤の自由があるなど、自身の裁量で労働時間を決めて勤務することが認められていたか、③給与等に照らし管理監督者にふさわしい待遇がなされていたかを総合的に考慮して判断されます。そして、その判断は決して簡単ではありません。

　十分な検討をしないまま、訴訟になれば管理監督者性が認められる可能性が高いと安易に考えて低額の解決案を提示してしまうと、事案に合わない不合理な提示となり、交渉が失敗に終わる危険があります。そのような**失敗をしないためには、できるだけ多くの裁判例を分析し、判決で重視されることが多い点について、漏れなく検討することが大切**です。

イ　不利な事実もしっかり検討する

　例えば、176ページで紹介した❶コナミスポーツクラブ事件の判決からも、検討の材料を得ることができます。この事案で実際にどのような交渉がされたかはわかりませんが、裁判所の判決の内容から逆算して、管理監督者性が問題となる事案について交渉段階で検討すべき点を考えてみたいと思います。

　この事件の支店長は、従業員43名、年間売上2億6,000万円という大規模支店について損益目標達成のための施策の立案・実施等、支店の運営管理全般の職責を担っていました。サミットと呼ばれる幹部のみが参加する会議に出席し、支店従業員の勤務シフトを決定する権限

もありました。これらの点に注目すれば、前記①の「実質的に経営者と一体的な立場にあると言えるだけの重要な職責・権限が付与されていたか」という点は肯定されそうにも思えます。また、支店長は自分で比較的柔軟に出勤時刻を調整することが認められていました。この点に注目すると、前記②の「自身の裁量で労働時間を決めて勤務することが認められていたか」という点も肯定されそうに思えます。さらに、この支店長には役職手当５万円が支給され、基本給も他の従業員より高額でした。この点に注目すると、前記③の「管理監督者にふさわしい待遇がなされていたか」という点も肯定されそうに思います。

　しかし、このような**事業者側にとって有利な事実にのみ目を向け、不利な事実を見落としてしまうと、検討不足となり、訴訟になった場合の見込みを読み誤ります。**

　コナミスポーツクラブ事件の判決は、管理監督者性を否定しましたが、その理由として、まず、前記①の点については、支店長は日常業務についても会社の決済を得る必要がある場面が多く、その裁量が制限されていたことなどを挙げています。また、サミットと呼ばれる会議は経営のための会議というよりはむしろ支店長に対する教育的な位置付けの会議であり、経営者との一体性を裏付けるものとは言えないと判断されています。このように会議の性質にも着目して検討する必要があります。

　次に、前記②の点については、支店長も、事前に出勤日や出勤時刻の予定を会社に報告することが求められていたことが指摘されています。また、人員不足のため、支店長は管理業務だけでなく、一般従業員と同様の現場業務も日常的に担当せざるを得ない状況にあり、自身の裁量で労働時間を管理することができたとは言えないと判断されました。このように繁忙の程度や就業の実情にも着目して、実際に労働時間について裁量があると言える状況だったかどうかも検討する必要があります。

　さらに、前記③の点については、支店長は常に時間外労働を余儀なくされており、それについて割増賃金が支給されていないことなどを

踏まえると、役職手当5万円の支給のみで管理監督者にふさわしい待遇がされていたとは言えないと判断されています。また、賃金制度上、非管理職の最上位等級との給与の差がわずかなものであったことも指摘されています。このように賃金の絶対額だけでなく、非管理職との相対的な差についても検討が必要です。

　相談事例のような事案を検討する際には、このように過去の裁判例の判決内容を検討し、そこで指摘された事業者に不利な事実にも目を向けて多面的な検討をする必要があります。そうしなければ、訴訟になった場合の見込みを読み誤ります。自社に有利な点に目を奪われ、不利な点の検討がおろそかになりがちであり、注意が必要です。**多面的な検討を可能にするためには、交渉段階から自社が依頼する弁護士と複数回にわたって入念な打合せをして緊密に連携し、その中で弁護士に率直に事実を伝えなければなりません。**必要なことを聴き取るための弁護士のヒアリングの手腕も重要になります。

ウ　労働者の請求に対する反論をしっかりと行う

　さらに、「**5**　労働者側から過大な請求を受けたときは全面的な反論をする」のところで説明した、事業者側の反論をしっかりと行うことも重要です。事業者側の反論をしっかりと行うと、それに対する労働者側の再反論も詳細なものになりやすいです。この再反論の内容を丁寧に検討することで、労働者側からの見方も踏まえた多面的な検討が可能になります。

■参考　管理監督者性の判断の際に検討すべき事実の例（❶コナミスポーツクラブ事件の事案を題材に作成）

	①重要な職責・権限	②労働時間についての裁量	③管理監督者にふさわしい待遇
事業者側に有利になり得る事実の例	・大規模支店の損益目標達成のための施策の立案・実施等、支店の運営管理全般について責任者としての職責を担っていた ・サミットと呼ばれる幹部のみが参加する会議に出席していた ・支店従業員の勤務シフトを決定する権限があった	自分で比較的柔軟に出勤時刻を調整することが認められていた	役職手当が付与され、基本給も他の従業員より高額だった
判決で指摘された事業者側に不利な事実の例	・サミットと呼ばれる会議は経営のための会議というよりはむしろ支店長に対する教育的な位置付けの会議であった。重要な事項が議論される経営会議への参加は原則として求められていなかった ・支店長の日常業務についても会社の決済を得る必要があるものが多く、支店長の裁量は相当程度制限されていた ・週報等による頻繁な報告や指導が行われていた	・支店長も事前に出勤日や出勤時刻の予定を会社に報告することが求められていた ・人員不足のため、一般従業員と同様の現場業務も日常的に担当せざるを得ない状況で、自身の裁量で労働時間を管理することが可能とは言えなかった	・賃金制度上、非管理職の最上位等級との給与の差はわずかだった ・支店長は割増賃金の支給がされないまま、人員不足で常に時間外労働を余儀なくされていた

218　第3章　未払い残業代トラブルの円満解決

④ 過去のいきさつにこだわってしまう

　未払い残業代がいくらかという問題は法的な問題です。ところが、事業者側がこれとは関係のない、過去のいきさつやそこからくる感情にこだわってしまい、それが交渉失敗の原因になることもあります。

　冒頭の相談事例でも、「残業代がつかないことを踏まえて高い給料を払ってきたこと」や「転勤を拒んだときも育児の事情を考慮して寛容に受け止め、配慮してきたこと」が事情として挙がっています。このようなことを言いたくなる気持ちは理解できます。しかし、これらはあくまで「過去のいきさつ」であり、未払い残業代がいくらかということには直接関係しない問題です。

　ところが、相談事例では、これらの事情から、「いまさら残業代を請求するなんて、会社や共に働いた仲間に対する裏切り行為であり、許せない気持ちです。会社としては一銭も支払う気はありません。」となってしまっています。

　実際に事業者からこのような相談があった場合、弁護士から法的な見解や交渉を拒むことによるリスクを説明して、相談者を説得することになるでしょう。しかし、弁護士の説明を聴いても相談者の考えが変わらないこともあります。その場合は、弁護士としても、相談者が「一銭も支払う気はありません」と言っている以上、労働者側に対して支払いを拒否する回答をせざるを得ません。このように、**過去のいきさつやそこからくる感情にこだわってしまうと、そもそも交渉にならず、訴訟になってしまいます。**

　ほかにも、「あれだけ面倒を見てきたのに残業代を請求された」とか「業界水準より高い給料を払ってきたのに残業代を請求された」、「成績が悪く仕事もできなかったのに残業代を請求された」といった感情的なこだわりから、そもそも交渉にならず、訴訟になってしまう例があります。

　「過去のいきさつ」から離れて、目の前にある残業代トラブルの解

決のために合理的な行動をすることが大切です。

 根拠のない甘い見通し

　特に根拠もないのに事業者側が甘すぎる見通しで対応してしまって、その結果、交渉での解決が困難になることもあります。例えば、交渉の方針について最終的な決定権限をもつ経営者や決裁権者が「訴訟になっても自分が証人として裁判官の前で説明すれば、裁判官もわかってくれるはずだ」などと根拠なく思ってしまう例は少なくありません。しかし、経営者や決済権者が証人として裁判官の前で説明したからといって、裁判官がすんなりその説明を信じてくれるわけではありません。その説明と整合する客観的な証拠を提出しなければ、裁判官の理解を得られないケースが多いのです。**事業者側が間違った考えにより訴訟になれば自社の主張が通ると思ってしまうと、交渉段階で適切な解決案を提示することができず、交渉での解決ができなくなります。**

 適切な予算をとらない

　ここまで説明してきた失敗例の原因は、結局のところ、事業者側が、合理的な解決案を示すために必要な予算をとっていないという点に行きつきます。
　依頼すべき弁護士の選択の誤り、法的な誤解、事前の検討不足、過去のいきさつへのこだわり、根拠のない甘い見通しなど原因は様々ですが、事業者として、合理的な解決案を提示するために適切な予算をとる意思決定ができなければ、交渉での解決はできません。
　未払い残業代トラブルは、感情の問題が背景にあることも多いものの、基本的には金銭のトラブルです。この点で、第１章でとりあげた

ハラスメントトラブルなどとは異なります。**金銭のトラブルについて、交渉で解決するためには、適切な予算をとったうえで、金銭的な解決案を提示することが不可欠です。**

労働者側の請求額が大きすぎて交渉での解決をあきらめてしまう

　予算とは別の問題として、労働者側の請求額が大きすぎて交渉での解決をあきらめてしまう例もあります。例えば、労働者側から1,000万円あるいは2,000万円といった額の残業代を請求されて、事業者がとても話合いでの解決はできそうにないと考えてしまう場合です。しかし、**労働者側の弁護士が最初に請求してくる額は、今後の交渉があることを踏まえて請求額の最大値を提示したものであり、額面どおり受け取る必要はないことも多いです。**

　また、請求日の３年前よりさらにさかのぼって、例えば在職中に発生した残業代全額を請求する例もあります。しかし、193ページで説明したとおり、賃金請求権は賃金支払期日の翌日から３年で時効にかかります。そして、時効期間が経過した残業代については、事業者側から時効の完成を主張すれば、原則として支払義務はなくなります。労働者側の請求額が大きいからといって交渉での解決をあきらめないことが大切です。

10　交渉のタイムリミットを意識する

　繰り返しになりますが、残業代の請求権は賃金支払期日の翌日から3年で時効にかかります。そのため、労働者側に弁護士がついている場合、弁護士はこの期間を意識し、残業代が時効にかからないように注意しています。そして、労働者側がこの時効をとめる方法は、基本的には訴訟を起こすか、または内容証明郵便等により残業代の支払いを督促することです。前者の訴訟を起こした場合は、その訴訟の期間中は、時効は完成しません（民法147条1項1号）。これに対して、後者の内容証明郵便等による督促については、訴訟とは違い、時効は6か月しかとまりません（民法150条1項）。つまり、労働者側から見れば、内容証明郵便等により残業代を請求してから6か月以内に訴訟を起こさなければ、残業代が時効にかかるおそれがあるのです。そのため、**事業者側の対応が遅く、交渉の期間が長引いて6か月に近づいてくると、残業代が時効にかかることを避けるために訴訟を起こされてしまう危険があります。**このように交渉にはタイムリミットがあることも意識しておきましょう。

222　第3章　未払い残業代トラブルの円満解決

≫第3章で引用した裁判例の出典

❶コナミスポーツクラブ事件（東京高等裁判所判決平成30年11月22日）労働判例1202号70頁

❷医療法人大生会事件（大阪地方裁判所判決平成22年7月15日）労働判例1014号35頁

❸有限会社スイス事件（東京地方裁判所判決令和元年10月23日）労働経済判例速報2416号30頁

❹ツヤデンタル事件（大阪地方裁判所判決令和5年6月29日）労働判例ジャーナル139号14頁

❺東京地方裁判所判決令和4年1月5日 Westlaw Japan 文献番号 2022WLJPCA01058001

❻東京地方裁判所判決令和4年9月12日 Westlaw Japan 文献番号 2022WLJPCA09128011

❼大阪地方裁判所判決令和4年8月15日 Westlaw Japan 文献番号2022WLJPCA08156001

❽エム・テックス事件（東京地方裁判所判決令和3年9月10日）労働判例ジャーナル119号56頁

❾ルーチェほか事件（東京地方裁判所判決令和2年9月17日）労働判例1262号73頁

❿大阪地方裁判所判決令和3年11月16日 Westlaw Japan
文献番号2021WLJPCA11166007

⓫ブレイントレジャー事件（大阪地方裁判所判決令和2年9月3日）労働判例1240号70頁

⓬ブロッズ事件（東京地方裁判所判決平成24年12月27日）労働判例1069号21頁

⓭WILLER EXPRESS西日本ほか1社事件（東京地方裁判所判決平成25年4月9日）労働判例1083号75頁

⓮協同組合グローブ事件（最高裁判所判決令和6年4月16日）裁判所ウェブサイト

⓯医療法人社団康心会事件（最高裁判所判決平成29年7月7日）労働判例1168号49頁

⓰青山リアルホーム事件（東京地方裁判所判決令和3年5月14日）労働判例ジャーナル115号46頁

⓱ことぶき事件（最高裁判所判決平成21年12月18日）労働判例1000号5頁

⓲長崎地方裁判所判決平成30年6月8日 労働判例ジャーナル77号56頁

⓳シンガー・ソーイング・メシーン事件（最高裁判所判決昭和48年1月19日）裁

223

判所ウェブサイト

❷ユーグレナ事件（東京地方裁判所判決平成25年12月 3 日）労働判例ジャーナル
24号19頁

❷大林ファシリティーズ事件差戻後控訴審（東京高等裁判所判決平成20年 9 月 9
日）労働判例 970号17頁

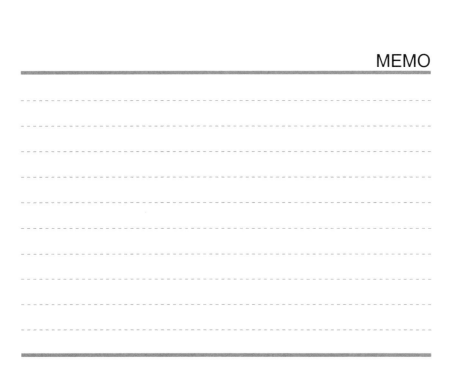

■著者プロフィール

西川　暢春（にしかわ　のぶはる）

東京大学法学部卒業。25歳で弁護士となり、現在、弁護士法人咲くやこの花法律事務所代表弁護士。企業の人事担当者や社会保険労務士、人事専門家とともに企業の労務管理の改善、労使紛争の円満解決に取り組む。全国の企業経営者、人事担当者、社会保険労務士からZoomや電話等での相談を受け付け、事務所顧問先約500社。著書に『問題社員トラブル円満解決の実践的手法-訴訟発展リスクを9割減らせる退職勧奨の進め方』（令和3年）、『労使トラブル円満解決のための就業規則・関連書式作成ハンドブック』（令和5年）がある。企業向けブログ「咲くや企業法務.NET」、YouTubeメディア「咲くや企業法務TV」を毎週更新し、企業の労務管理を中心に解説。X（https://x.com/nobunobuno）では毎平日6時半に労働判例情報を提供中。

井田　瑞輝（いだ　みずき）

京都大学法科大学院修了。弁護士登録と同時に弁護士法人咲くやこの花法律事務所へ入所。入所以来、一貫して使用者側の労働問題の解決・予防に取り組む。労働者からの残業代請求事件や解雇の有効性が争われる事件、メンタルヘルス不調に起因する休職・復職を巡る紛争、労災請求への対応等の取扱いが多い。また、交渉事件や訴訟事件などの事後的な紛争解決だけではなく、紛争を未然に防ぐための予防法務にも取り組んでいる。

木澤　愛子（きざわ　あいこ）

東京大学大学院法学政治学研究科修了。弁護士法人咲くやこの花法律事務所所属。特に人事労務の分野で使用者側の立場から問題社員対応、ハラスメントトラブル、メンタルヘルス不調者対応、解雇トラブル、残業代請求などを多く扱っている。社会保険労務士や顧問先企業向けの法務セミナーにも積極的に取り組んでいる。

■YouTubeメディア

弁護士西川暢春の咲くや企業法務TV
https://www.youtube.com/channel/UCbwp 9 BNVEUan_fZwOErmBhQ

■企業向けブログ

咲くや企業法務.NET
https://kigyobengo.com/media/

■Twitter

https://twitter.com/nobunobuno

訴訟リスクを回避する
"3大労使トラブル"円満解決の実践的手法　　令和7年1月20日　初版発行

|検印省略|

著　者　　西　川　　暢　　春
　　　　　井　田　　瑞　　輝
　　　　　木　澤　　愛　子
発行者　　青　木　　鉱　太
編集者　　岩　倉　　春　光
印刷所　　日　本　ハ　イ　コ　ム
製本所　　国　　宝　　社

〒 101-0032
東京都千代田区岩本町1丁目2番19号
https://www.horei.co.jp/

（営　業）　TEL　03-6858-6967　　Eメール　syuppan@horei.co.jp
（通　販）　TEL　03-6858-6966　　Eメール　book.order@horei.co.jp
（編　集）　FAX　03-6858-6957　　Eメール　tankoubon@horei.co.jp

（オンラインショップ）　　https://www.horei.co.jp/iec/
（お詫びと訂正）　　　　　https://www.horei.co.jp/book/owabi.shtml
（書籍の追加情報）　　　　https://www.horei.co.jp/book/osirasebook.shtml

※万一、本書の内容に誤記等が判明した場合には、上記「お詫びと訂正」に最新情報を掲載
しております。ホームページに掲載されていない内容につきましては、FAXまたはEメー
ルで編集までお問合せください。

・乱丁、落丁本は直接弊社出版部へお送りくださればお取替えいたします。
・ JCOPY 〈出版者著作権管理機構 委託出版物〉
　本書の無断複製は著作権法上での例外を除き禁じられています。複製される場合は、その
　つど事前に、出版者著作権管理機構（電話 03-5244-5088、FAX 03-5244-5089、
　e-mail: info@jcopy.or.jp）の許諾を得てください。また、本書を代行業者等の第三者に依頼
　してスキャンやデジタル化することは、たとえ個人や家庭内での利用であっても一切認め
　られておりません。

Ⓒ N. Nishikawa, M.Ida, A.Kizawa 2025. Printed in JAPAN
ISBN 978-4-539-73074-4

便利でお得な 定期購読のご案内

定期購読会員 (※1) の特典

¥0 送料無料で確実に最新号が手元に届く!
(配達事情により遅れる場合があります)

少しだけ安く購読できる!

☞ ビジネスガイド定期購読(1年12冊)の場合:1冊当たり約155円割引
ビジネスガイド定期購読(2年24冊)の場合:1冊当たり約260円割引
SR定期購読(1年4冊 (※2))の場合:1冊当たり約410円割引

会員専用サイトを利用できる!

割引価格でセミナーを受講できる!

割引価格で書籍やDVD等の弊社商品を購入できる!

定期購読のお申込み方法

振込用紙に必要事項を記入して郵便局で購読料金を振り込むだけで,手続きは完了します!
まずは雑誌定期購読担当【☎03-6858-6960 /✉kaiin@horei.co.jp】にご連絡ください!

① 雑誌定期購読担当より専用振込用紙をお送りします。振込用紙に,①ご住所,②ご氏名(企業の場合は会社名および部署名),③お電話番号,④ご希望の雑誌ならびに開始号,⑤購読料金(ビジネスガイド1年12冊:12,650円,ビジネスガイド2年24冊:22,770円,SR1年4冊:5,830円)をご記入ください。

② ご記入いただいた金額を郵便局にてお振り込みください。

③ ご指定号より発送いたします。

※1)定期購読会員とは,弊社に直接1年(または2年)の定期購読をお申し込みいただいた方をいいます。開始号はお客様のご指定号となりますが,バックナンバーから開始をご希望になる場合は,品切れの場合があるため,あらかじめ雑誌定期購読担当までご確認ください。なお,バックナンバーのみの定期購読はできません。
※2)原則として,2・5・8・11月の5日発行です。

企業の総務・人事担当者，社会保険労務士必携！

改正情報や労務のトレンドを Catch Up するためのマストアイテム

ビジネスガイド

購読料金：（1年）12,650円
　　　　　（2年）22,770円

　ビジネスガイドは　昭和40年5月創刊の労働・社会保険や人事・労務の法律を中心とした実務雑誌です。企業の総務・人事の実務担当者および社会保険労務士の業務に直接影響する，労働・社会保険の手続，労働法等の法改正情報をいち早く提供することを主眼としています。これに加え，人事・賃金制度や就業規則・社内規程の見直し方，合同労組・ユニオン対策，最新労働裁判例のポイント，公的年金・企業年金に関する実務上の問題点についても最新かつ正確な情報をもとに解説しています。

社会保険労務士の情報源といえば…

改正情報や労務のトレンドを社労士としてのMarketingにつなげたいなら

開業社会保険労務士専門誌

購読料金：5,830円

　労働・社会保険，税務の官庁手続＆人事・労務の法律実務誌「月刊ビジネスガイド」の別冊として，平成17年より発行を開始いたしました。

　本誌は，すでに開業をしている社会保険労務士やこれから開業を目指す社会保険労務士を対象に顧客開拓や事務所経営，コンサルティング等に関する生きた使える情報を豊富に盛り込み，実践的に解説する，開業社会保険労務士のための専門誌です。

　実務への影響が大きい法改正情報はもちろんのこと，就業規則，是正勧告，あっせん代理，退職金，助成金，特定社会保険労務士制度等にかかわる最新の情報や「いかにビジネスにつなげるか」のノウハウを提供しています。本誌を読むことで，多くのビジネスチャンスを得るためのヒントを手に入れることができます。

■ 定期購読に関するお問い合わせは，**日本法令**定期購読会員係　[電話：03-6858-6960　E-mail：kaiin@horei.co.jp] まで